世界简

WELTGESCHICH

[德]曼弗雷德·马伊\著

人民东方出
People's Oriental Pu

目　录

CONTENTS

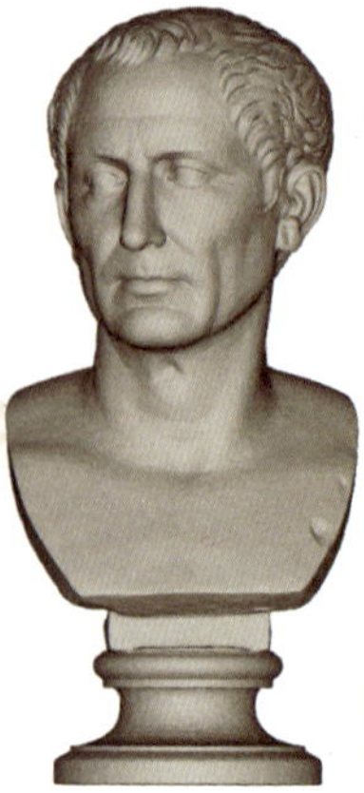

推荐序

PREFACE

这是一部叙述世界各民族和国家政治的简明史。

作者曼弗雷德·马伊在德国颇具名声。他不仅是历史学家、文学家，同时还对心理学颇有研究。这样独特的知识构成和文化背景，使得他的历史写作独具特色，不仅具有历史思维的理性、确实和严谨，还带着文学写作的诗意、生动和浪漫。他写的历史书，叙述清晰、文笔流畅，可读性强，又不乏精当的历史点悟，读者可以酣畅淋漓地一口气读下来，享受轻松阅读的惬意和快乐。因此，他写的书受众广泛，不仅为正在吸吮知识甘霖的青少年喜欢，也得到了已有些历史积累的专业或非专业人士的称赞，成为风行德国内外的历史类的畅销书。这本《世界简史》是他的代表作，已经被翻译成二十多种语言。

曼弗雷德·马伊在序言中说："本书的目的是对世界历史做一概观……只有对历史有一种整体的把握，才能真正理解其侧面和局部。"这与19世纪英国历史学家马考莱所说的"历史的真实性存在于整体之中"的观点相通，也与我的历史学习心得吻合。

初学历史，往往会津津乐道于历史记录中那些或感人肺腑，或惊天动地的具体人物和事件。但是，如果没有对这些历史人物和历史事件来龙去脉的了解，没有对更长历史潮流趋向的把握，那么对历史的理解就会流于一种表面的肤浅。如曼弗雷德·马伊所说："如果不了解犹太人和巴勒斯坦的民族历史，又如何能够理解中东冲突究竟为何发生？如果不了解殖民历史，又如何能够理解非洲大陆今日之局势？”

曼弗雷德·马伊是做过教师的。出于对“学生只能等到漫长的学习生涯结束时，才能对历史有一个整体的认识”——这一普遍存在问题的正视，促使他以扎实的历史积累、高超的文字驾驭能力和精湛的语言叙述才能，写出这部贯通古今人类社会，涵盖世界各个文明的《世界简史》。他希望这本书“可以作为学校历史教学的辅助和补充材料”，引导读者在简单明确的通史性阅读的基础上，对自己感兴趣的部分做“更深入的研读”。这样一来，阅读者就能够既见树木，也见森林，既能看见荡荡历史长河表面翻卷的浪花，也能窥见历史浪花下面涌动的潜流。在广博的历史知识储备之上，加以宽厚的历史眼光，正是历史学习所能给予人们的深层滋养和素质提升。

历史叙述的本质是今天与过去的对话。这就决定了历史书籍的写作不可能是纯粹的过去。它不可避免地沾染着时代的气息，同时还携带着写作者本人的主观意识。对这一点，曼弗雷德·马伊毫不避讳。他在序言中承认，“这本世界历史是以德国人的视角写成的，其局限性无可避免”。然而，难能可贵的是，他不仅在叙述德国历史的时候带着批判的眼光，同时还努力地以人类的视角来为这本《世界简史》谋篇布局。从本书的目录中我们可以看到，尽管欧洲依然是叙述主体，但作者有意突破欧洲中心的观念和写作模式，非欧洲的民族和文明的历史发展进程在他的眼中都具有同等价值。他真切希望，“本书涉及的各个民族和不同肤色的人都受到公正的对待。对此，我已竭尽所能。”

历史叙事的价值在于连接过去与现在，进而指向未来。自 20 世纪末两极对峙的格局解体以来，当代世界正在急速变化，与当代世界紧密相连的历史也在不断延伸。曼弗雷德·马伊注意到，本世纪发生的一系列国际政治事件，如北约对南斯拉夫的轰炸，伊拉克、利比亚、叙利亚战争，以及“世界经济危机”“欧盟危机”“阿拉伯之春”等大事件，已经引起了很多读者的关注。这些事件都是以往历史延伸的结果，也是未来世界发展的缘起。为了对历史负责，对读者负责，曼弗雷德·马伊借 2014 年这本书再版之际，着意补充了上述内容。哪怕他意识到这些事件与现实世界贴得太近，一时还看不太清楚其历史内涵，也许再过 10 年又要“重新叙述”。但这些内容的加入，使得这本书更贴近当代世界，也更具有了当代性。这从侧面说明，“一切历史都是当代史”。

特别值得一提的是，本书不仅以扎实的历史功底、颇具匠心的结构布局、简练流畅的语言表达和不乏细节的生动叙述见长，而且配以精美的历史图片，直观可见地勾勒出上古及至本世纪初的世界历史的概貌。阅读这本书时，读者在获得具体鲜活的历史知识的同时，不妨把视野放宽，眼光放长，用又宽又长的历史眼光来看世界历史长河中的具体人物和事件，可能会得出更加深刻的理解和更加精准的诠释。

许平

2022 年 11 月

译者序

PREFACE

一般来说，历史即人类过往的故事。德语中的历史一词 Geschichte 既有历史之意，亦有故事之意。本书原书名 *Weltgeschichte* 既可译为“世界的历史”，又可译为“世界的故事”。其中的世界当然指的是人类所属的世界。故而，本书讲的内容是人类自诞生以来所发生的故事。

正如一个人总想了解自己的身世，自古至今，世世代代的人们也都记录下了各自所了解的历史。希罗多德写《历史》，司马迁著《史记》，汤因比撰《历史研究》，他们大概是出于类似的目的。那么究竟何为历史？历史有意义吗？莫非历史就如雅斯贝尔斯所说的那样：“好像一团偶然事件的混杂，或一股漩涡迭起的洪流。它从一片骚乱或一场灾难冲向另一场祸乱——其间虽有幸福的短暂间歇和安宁的小片乐土，但它们终为这股洪流所吞没。”或者如马克斯·韦伯所说的那样：“历史是一条由魔鬼用毁坏的人生理想所铺成的道路。”抑或如威尔·杜兰特所言：“历史没有任何意义，历史没有教给我们任何东西，它浩瀚无涯的过去只是错误的一再上演，而这些错误注定要在未来更大的舞台上，以更大的规模发生……过去只不过是一堆鲜有‘定论’的‘荒唐事’？”

历史越是令人困惑不解，人们就越想对它作一番探究。古往今来的历史文献浩如烟海，比如煌煌巨著《二十四史》总计逾 3000 卷，4700 余万字；“剑桥三史”系列多达数十卷……这难免会令普通读者望而却步。因此，许多历史学者便开始尝试编写篇幅较小的历史著作。在这方面，韦尔斯的《世界史纲》和贡布里希的《世界小史》均是广受读者欢迎的历史书。曼弗雷德·马伊的这部《世界简史》同样也是一次大胆又成功的尝试。德国《法兰克福汇报》对这本书做了如下评价：“用不到两百页的篇幅讲述了人类的历史，这需要匠心独运的技巧，要懂得舍弃的艺术。马伊炉火纯青地掌握了这门技艺。”当然，不同国家的历史学者叙述历史时都会采用不同的视角，本书作者也不例外，正如作者所坦言：“这本世界历史是以德国人的视角写成的，其局限性无可避免。”

曼弗雷德·马伊撰写的历史书籍通俗易懂，因而赢得了众多读者的赞赏，其中不仅有年轻读者，而且也有历史学界的专家学者。除了这本《世界简史》

（增订版），他的代表性作品还有《欧洲简史》、《德国史》、《德国文学史》和《梦想一个更好的世界——乌托邦历史》等。他的书已被翻译成二十多种语言。

本中译本得以与中文读者见面，离不开东方出版社编辑的慧眼识珠。译者在此还想特别表达对本书责任编辑王蒙蒙女士的由衷谢忱，她耐心细致和专业的编辑工作为完善译本质量提供了保障，她精心选配的插图也对读者理解历史事件非常有帮助。为使译文符合中文读者的阅读习惯，译者在翻译过程中做了诸多努力，为帮助读者理解某些历史概念或历史事件，译者在一些必要的地方加了注释。虽已尽力，但由于译者能力所限，译文中的疏漏在所难免，敬希读者批评指正。

吕叔君

2022 年 12 月 2 日于山大洪楼

序 言

PREFACE

《世界简史》首版不仅受到广大读者的欢迎，而且也得到了历史学界专业人士的积极评价。这让我深感欣慰。因此，我认为借本书再版之际做些补充工作是有必要的。其中最主要的是对新世纪里重要的历史发展脉络做一概述，因为这本世界历史的叙述力图接近当代史。故此，本书增订版的章节主要涉及世界政治势力夹在新旧超级大国之间的变迁、欧盟危机、“阿拉伯之春”，以及许多其他在过去数十年里让我们倍感关注的事件。从世界历史的角度看，某些历史事件十年之后或许显得并不那么重要，倘若如此，到那时我们将改变叙述方式。

除此之外，本书首版的序言仍然适用。

若想理解这个世界，就必须认识它的历史。当我们阅读报纸或者观看电视新闻时，便会清楚地认识到这一点。如果不了解犹太人和巴勒斯坦的民族历史，又如何能够理解中东冲突究竟为何发生？如果不了解殖民历史，又如何能够理解非洲大陆今日之局势？

本书的目的是对世界历史做一概观，因此只叙述最重要的历史人物、历史事件及其发展过程，但其简要程度仍不免有冒险之虞。尽管如此，我仍然认为有必要写作一部这样的著作。原因在于，我知道，只有对历史有一种整体的把握，才能真正理解其侧面和局部。假如读者对历史中的某个部分特别感兴趣，便可以对其做深入研读。学校的历史课或许都有一个共同问题，那就是学生只能等到漫长的学习生涯结束时，才能对历史有一个整体的认识。因此，本书可以作为学校历史课教学的辅助和补充材料。本书不可能取代历史教材，也无意这样做。

本书共 56 章，主要叙述了世界各民族和国家的政治史。尽管如此，作者也力图使普通人以及他们并不普通的生活受到应有的关注，因为他们也是历史的创造者，而这一点往往被我们忽视了。此外，还有非常重要的一点需要说明：这本世界历史是以德国人的视角写成的，其局限性无可避免。其他国家的作者，比如我们的邻国法国或者荷兰，无疑会采取另一种叙述历史的视角，会考虑到其他读者的感受，而且所关注的重点也会不同。那么，可想而知，一位中国的、巴西的或者肯尼亚的作者又会如何写作一部世界历史！尽管如此，我仍然希望，本书涉及的各个民族和不同肤色的人都受到了公正的对待。对此，我已竭尽所能。

曼弗雷德·马伊
2014 年春于温特林根

世界简史

WELTGESCHICHTE

1. 最初的人类

我们的地球已经存在近乎50亿年了。大约30亿年前地球上出现了生物，大约1500万年前开始了人类的进化，直到出现和我们长相类似的生物，自然的演化要经过一段漫长的历程。关于人类的历史，虽然尚有许多问题仍然没有明确答案，不过科学家们已经能够粗略勾勒出一个大致的发展轨迹。在这方面，出土的遗骨和工具为科学家的考古工作提供了很大帮助。

约500万年前，猿人已经开始能够直立行走。他们的前肢因此获得解放，并逐渐进化成双手。在接下来的300万年里，这种生物的脑量增长了3倍，从猿人进化成了“能人”。此时，他们已经能够把石头和木头作为工具来使用。由于能人的最主要工具是石器，因此人类历史最初的50万年就被称作石器时代。

从石器时代的人进化到现代人，也就是今天我们所称的智人，还有一段漫长的历程。这种智人是我们的直接祖先，其最早的代表就是所谓的克罗马农人①，这个名称得自其位于法国南部的发现地，不过他们却并非法国人，而是来自非洲大陆。大约4万年前，他们从非洲迁徙至亚洲和欧洲，然后又经过那时还由陆地相连的西伯利亚和阿拉斯加迁徙到了美洲。

最初的人类以狩猎和采集为生，他们生活在原始部落中，一个部落由20至50人组成。他们栖身于洞穴、

① 克罗马农（Cro-Magnon）人，生活在距今约3万年前，平均寿命不超过40岁，属于晚期智人，又称新人，和欧洲人不是一个种群。因其化石于1868年在法国多尔多涅区的莱塞济附近的克罗马农山洞中被发现而得名。——译注

用树枝搭成的简陋茅舍或者用兽皮做成的帐篷里。但是他们并非定居于此，而是随季节变化跟随兽群不断迁徙，因为作为游牧民，他们的食物和衣物都取自野兽。他们比猿人更有智慧，也更懂得捕猎技巧。他们发明了长矛和弓箭，懂得设置陷阱，并且会用绳索捕获猎物。他们利用更便利的工具掏空树干，制作船只。不久后，他们也学会了利用长矛和网捕鱼。他们还掌握了取火的技术，可以将肉和鱼烤熟后再享用。他们的知识和劳动技术代代相传。我们甚至可以设想，他们已经可以使用一种复杂的语言进行交流。至于这种语言究竟是如何发展而成的，至今仍然是科学未解之谜。可以确定的是，这种语言为管理较大部落的日常生活和加强部落成员间的协作创造了条件。

不知何时，人类不再把全部时间和精力用于捕猎野兽和采集果实。他们开始发展出一种对美好事物向往的感觉，用动物的牙齿、贝壳和

下图 1940 年，在拉斯科岩洞里玩耍的儿童发现了距今约 2 万年的壁画。画中的牛和马均被画在了洞内的岩壁上。

珍珠制成手镯和项链，用石头和骨头塑造出各种造型，用各种雕刻装饰自己的武器和工具。于是，人类最早的伟大艺术品就诞生了：欧洲的许多岩洞壁画就属此列，其中包括法国拉斯科岩洞壁画，西班牙阿尔塔米拉洞窟壁画，它们都已有 2 万年的历史。至于当时的人类为何创作这些如此惊人的壁画，至今没有人知道。或许他们想通过那些动物的画像获得某种神秘的力量，以便在捕猎时能够满载而归；或者是在火把的映照下面对壁画跳起召唤神灵的舞蹈，也许他们相信神灵是存在的。研究宗教起源的科学家们认为这些推断是可能成立的。他们从墓葬的方式方法，尤其是那些墓穴中发现的陪葬品推断出，这些物品除了用于保护和陪伴死者，不会有其他目的。他们还认为，那些艺术品很有可能是出于宗教目的创作出来的。比如，著名的威伦多夫维纳斯雕像[①]很有可能就是用于生殖崇拜的丰产女神的象征。虽然这些推测难以得到证实，不过有一点可以确定，威伦多夫维纳斯雕像和前述洞穴壁画的创作者都是我们人类的近亲。

下图　石灰石雕像威伦多夫维纳斯。

① 威伦多夫维纳斯雕像，石灰石圆雕，高约 10 厘米，宽 5 厘米，距今已有约 3 万年的历史，是迄今为止最早的雕塑艺术作品，1908 年发现于奥地利摩拉维亚的威伦多夫山洞中。——译注

2. 从游牧民到农耕民

克罗马农人生活在第四纪的冰川期，即最后一个冰河时代，那时北半球的大部分地区被厚厚的北极冰层覆盖。自然条件最为严酷的冰河时代持续了10万年之久，约公元前1万年结束。逐渐升高的气温使得冰川融化，并慢慢形成了与如今类似的气候条件。那个时期，地中海东岸至今日伊朗这一地区的气候条件变得尤其适宜生物的生存。

除了生长各种植物外，这一地区还生长着一些野生谷物，生活在那里的人类将野生谷物的种子磨碎当作食物。后来，人们将最大的种子收集起来，并用它们种植粮食。同时，他们也开始驯化野生动物，首先被驯化的是狼，狼被驯化成了猎犬和看家狗，之后被驯化的还有山羊、绵羊、猪、牛和马，直到今天它们仍然是人类的家畜。就这样，我们的祖先从以狩猎和采集为生的游牧民变成了以农耕和饲养家畜为生的定居农民。他们修建茅屋用以保护自己和家畜，利用更好的工具开垦出更多的土地，耕作土地用以更好地种植庄稼、放牧。他们不仅满足于能吃饱肚子，还囤积粮食，为此他们建起了粮仓。农民们开始把他们的茅屋修建在一起，四周建起篱笆和围墙，这样做一方面是为了共同抵御盗贼，另一方面是为了防御野兽。这样，最早的村庄就形成了。由于粮食的供应变得相对稳定了，人口也逐渐增长起来。耕种和饲养家畜相对于狩猎和采集更容易获得食物，于是人们就有了更多的时间改进劳动工具、生活用品和武器。一些人相比其他人在某些领域展现出了更多的技巧和创造力，慢慢地“能工巧匠”出现了，最早的手工业者就此诞生。

这一历史过程持续了大约5000

年，由近东地区[①]开始，逐渐扩展到非洲、亚洲和欧洲。这个速度与人类早期生活的变化相比，已经是相当惊人了。因为这是人类生活方式的一种根本性变化，所以人们把这一时期称作“新石器时代革命”。这次革命并未席卷全球，那时世界上的大部分人类还是以狩猎和采集为生的，在某些偏远地区的人们直至今日仍然保持着这种生存状态。

3. 伟大的发明者和发现者

我们并不知道，石器时代的人们究竟是如何发现制作生活用具的原料的，只能去猜想。也许某个地方的一个小孩正在玩泥巴，他把泥巴团成了一个球；也许这个泥巴球正巧滚到了火堆里，但火势太大孩子无法把它取出来；也许这个孩子的父母后来发现，那个泥巴球经过加热而变硬，并且变得不透水了；也许他们自己后来也做了个泥巴球，把它一分为二，分别将它们掏空，然后放到火里烤。于是，最早的陶器就这样被制作出来了。不过也说不定，陶器的发明或许是由于另外的某种巧合。

在中东的考古发掘中，人们发现了有6000年历史的手工制作的陶器。同时人们还在那里发现了最早的金属——铜。火在这里又扮演了一个重要角色。也许有人在含铜的岩石上生起了篝火，火熄灭后，人们在灰堆里发现了之前并不存在的红色小

① 近东地区，通常指地中海东部沿岸地区，包括非洲东北部和亚洲西南部等地区。——编者注

铜珠。于是，人们就想，这些小铜珠究竟从何而来呢，很有可能，它们是从岩石里被燃烧的火烤出来的。于是，人们就反复“试验”，慢慢地学会了从岩石中提取金属，并用它们制作各种工具。当然，最初获取金属的过程也完全可能是另外一种形式，对此我们不得而知。不过，我们可以确定的是，大约在这个时期人们发现了铜。但是，不久人们便发现，用铜制作的工具和武器太软了，并且还会很快变钝。于是，人们就继续寻找更加坚硬的金属，并且找到了锡。人们将锡和铜熔化到一起，这样就形成了硬度更高的青铜，此后青铜就在一千年里成为人类用于制作器具的最重要的原材料。人们用它铸造斧头、镰刀、刀、镐、凿子和针，它们的基本形状直到今天都没有多大改变。除此之外，剑、匕首、矛头和盾牌，以及各种各样的首饰，甚至管乐器也都是用青铜制成的。

人们对青铜的需求稳步增长，但铜和锡并非随处可见，并且数量有限。而且铁匠们也不会始终居住在同一个被发现有矿石的地方，有些矿在地上，有些则在地下。金属被提取出来后，必须运送到铁匠那里进行加工，加工出成品再送到用户手里，就这样原材料和商品之间的交易开始形成。那时的人们已经学会了制作木筏和小船，水上运输是最为便捷的方式。而较重的货物如果通过陆路运输则会更加困难和费力。经过无数次的试验，犯过无数次的错误，人

下图　青铜时代的武器。

们——也许是不同地方的——终于有了一个重要的发现——轮子！不久便有了最初的手推车，陆地运输变得轻松起来。由于车轮在平坦的地面上通行才会顺畅，于是人们将沿途的植物和石头清理干净，就这样最早的道路产生了。随着贸易逐渐增多，有些贸易甚至需要横跨较远的距离，这样也就有了各个地方不同思想的交流，这在之前的贸易中是很少发生的。新的知识和技术因此传播得更快、更广。在中东地区，石器时代就这样大踏步地走向结束。

4. 一个智慧的民族：苏美尔人

美索不达米亚的苏美尔人生活在幼发拉底河和底格里斯河之间，当他们已经创造了人类的第一个高度文明之时，那些中欧人还过着狩猎和采集的动荡生活。他们发明了车轮和由驴或牛牵引的犁。他们修建了城市，城市居民已达5万人之多，他们还修建了堤坝以防城市被洪水淹没，修建了河渠用以灌溉农田。就如同在人口众多的社会中规划和组织物品的生产和分配一样，所有这些工程也都需要事先进行规划和组织。为此，苏美尔人试图寻找一种方式把重要的事情记录下来，而不是仅仅依靠记忆。起初他们使用一些图形，用以代表一个男人、一个女人、一头牛、一个水果篮或者一个粮袋，等等。后来，这些图形逐渐变成了一个符号系统，利用这些符号就能够记录一件事情的经过，或者传递一个消息。他们用楔形的笔把符号刻画在泥板上，烧制后这些符号就可以长久保存了。于是，口口相传已不再是向同代人和后代人传播知识的唯一途径。

车轮和所谓“楔形文字”的发明是苏美尔人为人类历史的进步作出的两大贡献。不仅如此，他们在其他领域取得的成就也是开拓性的。比如他们发明了12进制或60进制的度量体系。我们今天使用的每分钟60秒，每小时60分钟的时间划分方式就源自这个度量体系。至今，我们还把12件东西放在一起称为“一打”。

上图　**楔形文字是人类历史上最古老的文字之一。用楔形文字书写在泥板上，经晒或烧而变硬，易于长久保存。**

苏美尔人的城市结构和组织就像一个小国家。城市的首领就是城主，神灵赋予他对城市的统治权。苏美尔人已有宗教信仰，他们信奉的是一种多神教。

城主颁布法律用以规范人们的生活，并且他还规定每个市民必须交纳赋税的数额。这些赋税的用途是，保障祭司和市政管理的费用支出，建立军队保护城市安全，保障市民的日常用水，增加用于应急之需的储备。可以说，那时的苏美尔人已经有了税收制度。还有一点，苏美尔人也是非常现代的：城市之间往往也会发生冲突，冲突的原因主要是争夺财产、土地和权力。某些冲突最后发展为战争，某些战争则是以神的名义发动的。

苏美尔文明的繁盛期持续了大约1500年。约公元前2000年，他们的文明扩展到了中东大部分地区。这种文明为何不久又从历史上消失了，对此我们没有明确的答案。虽然苏美尔文明消失了，不过他们的发明以及他们创造的文化却保存了下来。

5. 世界奇迹：古埃及金字塔

一个人即使对历史了解不多也会知道，埃及人在很久以前就建造了金字塔，那些下令建造金字塔的统治者被称作“法老”。如今我们仍然会对这些4500年前的古老建筑叹为观止。

约公元前5000年，尼罗河畔最初以狩猎和采集为生的人逐渐转为定居的生活方式。他们学会了与尼罗河相伴而生，虽然一开始并不那么容易。因为每逢夏季，尼罗河河水泛滥，滔滔洪水就会淹没沿岸的土地，甚至还会危及人的生命。但当洪水退去，留下的淤泥却成了上好的肥料，它能使土壤变得肥沃。因此，生活在那里的人对尼罗河心存感激，并尊它为神：

赞美你啊，尼罗河，
你来自大地，你向我们走来，
你赐给埃及人粮秣。
你灌溉我们的田野，
你喂食我们的牛羊。
你让沙漠不再干涸，
你让大麦和小麦成活。
你让粮满仓，草满坡，
你让穷人不饥饿。
让我们为你弹起竖琴，
让我们为你引吭高歌。

尼罗河对埃及人来说太重要了，所以他们用这样的赞歌感谢尼罗河的恩赐。埃及人经过细心地观察发现，平均来说，每隔365天就会发生一次洪水。于是他们就把365天算作一个尼罗河年，然后再把一年分为12个月，每个月再分为30天。剩余的5天，他们就放在每年末作为节庆日。就这样，埃及人在公元前3000年就已经使用了一套历法，这套历法和我们今天全世界通行的历法并无太多差别。

这一时期，有两个国家在尼罗

河畔争霸天下。一个是位于尼罗河上游的上埃及，另一个是位于尼罗河入海口地区的下埃及。传说，公元前3100年，上埃及国王美尼斯率军攻占了下埃及，建都于孟斐斯，成为所有埃及人的最高统治者。作为法老，他不仅是一国之君，而且还像神一样受到臣民敬拜。他拥有无边的权力，他的个人意志就是国家法律。以宰相[①]为首的官吏就是他的法律的执行者。宰相集政府首脑和最高法官于一身，所以，在古埃及宰相是除法老之外最有权势的人。

上图　象形文字的阅读方向为从右向左。图为卢克索附近卡纳克神庙的埃及象形文字。

为了管理这个拥有100多万居民的庞大国家，组织生产和分配食品、货物，官吏们从苏美尔人那里学会了书写技术，并由此发展出了一套自己的文字体系。这种由图像和符号混合而成的文字，被后人称为“象形文字”，其本意就是“神圣符号”。起初，这种文字是被刻在石头上的。后来，埃及人用类似芦苇的纸莎草制成了纸，他们便用芦苇秆做成的笔蘸墨水在纸上书写。

① 这一官职，埃及学家借用阿拉伯语称为“维西尔”，中文通常翻译为宰相。——编者注

如果一个人会读、写和算，那么他在埃及就属于上等人。在国家的等级结构中，位于宰相之下的是高级官吏，高级官吏之下就是祭司，再往下一级是书吏，书吏比商人和手艺人要高一个等级。最下层则是占全国人口百分之八十五的农民和工人，为法老修建宫殿、庙宇和墓碑的就是这些人。

金字塔是法老权威的至尊象征，法老死后会被埋葬于其中。这也是法老们争先恐后建造越来越大的金字塔的原因。约公元前 2500 年，法老胡夫在位期间建造了埃及最宏伟的金字塔。他刚刚即位时还是个年轻人，就开始让人为他设计和修建陵墓。计划修建的陵墓位于吉萨，那里四周都是沙漠，所以用于建造金字塔的石料必须从离此地很远的采石场搬运过来，所需石料大约 200 万块，每块重达 3 吨。这些石块首先被人从采石场拖到尼罗河边，然后再装船运往吉萨。从尼罗河岸到计划修金字塔的地方，必须先修建一条道路，而修这条路就用了 10 年时间，修建金字塔又用了 23 年。考古学家

下图　吉萨金字塔是“世界七大奇迹”之一。前景中的小金字塔是为皇后和公主修建的陵墓。

们根据后来发现的劳工居住地遗址推算，参加胡夫金字塔修建的人数可能始终保持在4000人左右。除此之外，每年尼罗河汛期时还有5万到10万农民也会参与修建。他们只用体力、撬棍和绳索，就能把巨石一层一层摞起来，最后建成的金字塔高达146米。

法老的墓室位于金字塔内部，里面为他死后的生活做了严密的防护措施。这是因为埃及人相信人死后还有来世，为了来世的生活，死去的人还需要他的身体。保存法老的躯体，需要经过一个烦琐的处理过程，人们在法老的尸体上涂满了防腐料，然后再用浸过松脂的麻布将其包裹好。为了让法老在来世仍然能够享受荣华富贵，人们还将他生前用过的一部分财宝放进他的墓室中。当然还有各种食物和饮料。今天来看，这样铺张浪费的做法有些过于奢侈了。但那时的人们相信，法老的来世生活仍然与埃及人的现世生活息息相关。因此，他们为此付出所有辛劳都是值得的。

苏美尔文明和古埃及文明是人类历史上最早的高级文明。埃及文明比其他人类文明持续的时间都长。大约3000年之后，也就是公元前332年，亚历山大大帝率领希腊大军攻占了埃及，古埃及文明至此才走向终结。

6. 印度河畔的高度文明

在尼罗河、幼发拉底河和底格里斯河以东，在富饶的河谷地带形成了两个高度发达的古代亚洲文明：一个是位于今日巴基斯坦及其东部的古印度文明，约形成于公元前2600年之后；另一个是位于黄河两岸的中华文明，约形成于

公元前 1600 年之后[1]。

对于古代印度文明我们所知甚少，它的文字至今仍然还没有被破解。我们只能依赖考古发掘对其加以研究。据推测，它可能是一种乡村文明和城市文明的混合体。目前已经被发掘的两个城市遗址哈拉巴和摩亨佐 – 达罗可能就是它的政治、经济和文化中心。这两座城市的布局都非常严谨，市内的主要街道都是平行的南北走向。它们的下水道系统也是距今为止世界上最早的。城市中的房子有的甚至还建有浴室和厕所。市民的日常生活用水是通过管道供应的，废水则流入下水道。在城市中心的人造高地上矗立着一座宏伟的城堡。城堡的墙内建有城市公共设施，其中有一个长约 54 米，宽约 32 米的大浴池。约公元前 2000 年，这两座城市

上图 **摩亨佐 – 达罗遗址。**

① 关于中华文明的起源时间问题，西方学者一直认为是 3000 年前，但中国学者认为远远早于 3000 年前。——编者注

发展到鼎盛期，人口均超过 4 万人。他们和苏美尔人有贸易往来，并且也与美索不达米亚的其他民族做生意。棉花是其重要的交易商品，被种植于印度河谷一带，后来，散播到了印度各地。

至于为何古印度文明到了公元前 1500 年就走向消亡，至今仍无定论。科学家们推测，也许是生态问题造成的影响。因为古印度文明时期的人们需要很多木材，而对森林的过度砍伐则造成了严重的后果，当时出现了灾难性的洪灾，使得城市居民流离失所，但对古印度文明的致命打击很可能是来自亚欧交界处的外敌入侵。一些雅利安人近百年来一直不断向南迁徙，约公元前 1400 年，他们到达了印度北部并征服了那里的原住民。经历了近千年的发展之后，形成了一种新的印度文化和生活方式，其文明轨迹一直延续至今。

雅利安人以部族为单位生活在一起。祭司享有最高威望，武士次之，武士之下是农民。被征服的原住民最初并不属于部族群体，但不久之后他们就和农民融为一体了。后来，人们就把这种不同的社会集体的等级划分称为“种姓制度”。在印度的社会发展过程中，虽然种姓制度也发生过一些变化，比如增加了工匠，但是各个种姓之间的界限则是僵化不变的：处于某个种姓的人终生不变，武士终生为武士，工匠终生为工匠，且代代相传。不同种姓的人相互之间既不能通婚也不能交友。在印度的某些地区，这种状况至今未变。

左图　1 世纪的古印度佛雕像。

经过漫长的发展后，雅利安人和原住民的宗教观念逐渐发展为印度教。梵天是印度教的主神，是创造万物的始祖。毗湿奴是宇宙的维持者，被奉为保护神；湿婆有六臂，是世界的破坏者，被奉为毁灭之神。印度教的核心观念是“羯磨”，即轮回转世。根据这一信仰，人有多重生命，在过去的某个生命时期甚至可能是一种动物。一个人只要行为端正并积德行善，就能够在来世上升到更高的社会等级。这一信念使得印度教的大部分信众对种姓制度坚信不疑，即使他们对目前的生活心怀不满。

对印度教质疑和批评的竟是一位身居豪华宫殿过着奢侈生活的王子，他叫悉达多，出生于公元前560年。他对人生的苦难本来一无所知，因为这些苦难并不会出现在王子的生活里。当他结婚生子之后，才发现人会生老病死，生命是如此脆弱。他第一次目睹了人的死亡，这使他极为震撼，以致他最终决定放弃自己所拥有的美好生活。

正当青春韶华时，我光彩照人，满头乌发，享受着幸福的青春好时光和初为男人的快乐，但是我却违背痛哭流涕的父母的意愿，削发剃须，身披粗衣，离家去过居无定所的生活。

他过了六年隐居生活，放弃了一切人间享受，苦思冥想神、人、生与死诸如此类的人生终极问题。有一天他终于彻悟：人痛苦，是因为内心的欲望得不到满足。为了避免被欲望所困，就必须克服欲望，尽可能减少欲望，最后达到无欲无求和自满自足的境界。一个人如果能够真正达到这种无欲的境界，那么他死后就不会轮回再生，他的灵魂就会进入“涅槃”，遁入“无”的境界，从而获得永恒的安宁。

于是，从前的王子悉达多就作为“佛陀”，即“觉者”，走向世人并向他们传布他的新教义——佛教。佛教和印度教都是目前世界上最大的宗教教派之一。

7. 东方大国

当宇航员在太空中飞行，金字塔、宫殿、教堂尖塔以及摩天大楼早已从宇航员的视野中消失，但是世界上最大的建筑物——中国的长城，却仍然依稀可见。① 这座雄伟的建筑物也让庞大的中国所面临的核心问题一目了然：对外要抵御入侵之敌，对内要维护统一。这也是当初修建长城的目的所在。

从游牧生活过渡到定居生活，中国各地区存在非常大的时间差异。自公元前4000年，黄河流域的人们就已经生活在乡村和较小的城市里，而黄河流域以北的地方却仍然生活着掠夺成性的游牧民，他们时常窜入乡村和城市进行掠夺。中国历史上战火很多，小城邦之间经常发生战争。即使经过长期战争，商王朝建立了庞大的诸侯国家之后，也没有带来人们所期望的和平。不同地区和城市中大大小小的统治者都各自拥有军队，因此他们对遥远的国王的命令听而不闻。在一个地域广阔的王国边远地区，国王没有有效的手段去贯彻自己的意志。在之后的一千年里，这种局面也没有多大改观。

商王朝时期，大多数中国人都是贫穷的农民，他们分散居住在广阔的田野乡村。他们饲养狗、猪、羊、鸡等家畜家禽，能使用石头和木头制作简单的工具。假如老天不和

右页图　**中国长城。图为慕田峪长城。**

① 从外太空能看到长城是一个流传已久的说法。不过，自从中国第一个访问太空的航天员杨利伟表示“没有看到长城”后，很多人断言从外太空绝对不可能看到长城。也有专家表示，太空中看到长城不是没有可能，但可能性非常小。——编者注

上图 1974 年，考古学家发现了秦始皇的陵墓。皇陵附近埋藏着约 1 万件真人大小的兵马俑作为殉葬品。

他们作对，四周的游牧民也能和他们友好相处，他们还能勉强度日，不然就得忍饥挨饿。

但是城里人的生活则完全不同。那里的富裕市民居住在木质房子里，穿麻、毛甚至丝制衣服，并且佩带青铜武器和首饰。在城市里还形成了中国文字①，这些文字经过发展演变一直沿用至今。

① 古有仓颉造字的传说，实际上中国文字从图画、刻符等形式发展为成熟的文字系统是在殷商时期。现在看到的最早的、完全成熟的文字系统，是殷商时期的甲骨文。——编者注

中国人虔诚地信仰神灵和祖先，他们相信，人死后的灵魂还会继续存在。为了讨神灵欢心，在来世获得幸福，人必须在今世向神灵献供。奴隶制社会的商代，供品一般是动物，极少情况下也会有“人祭”。

就和印度一样，大约公元前500年，中国也出现了一个针砭时弊的人物——孔子。尽管他不是悉达多那样的王子，但他也是一位官员之子。而且他本人也曾做官，只不过在55岁时就被罢免了，因为他对于国家存在的种种弊端过于直言不讳。那些与统治者意见相左的人，即使在2500年前，也被视为“眼中钉”。而孔子的本意是为了让国家变得更好，他希望国家统一，能够拥有一个强大的中央集权，国内没有相互争斗和战争。在这个国家里，所有人都参与国家事务，并且人人和睦相处。他通过口述传播自己的学说，其学说的中心就是人与人之间和平共处，其核心思想之一就是“己所不欲，勿施于人”。

孔子认为，人应该努力保持本性中的善良，为此，首先要改善家庭的生活条件，儿童在家里必须学会互敬互爱。在孔子看来，家是“人性之根基”。就如同父亲对待自己的家庭那样，君主也应该在道德上成为臣民效仿的榜样。

弟子问孔子，人应该如何对待神灵和祖先，孔子说，关心活着的人比关心神灵和祖先更重要。

早在汉朝时（公元前206 — 公元220），孔子的学说就对中国的文化和生活方式产生了巨大影响。汉朝的开国皇帝刘邦曾去孔子墓祭拜孔子，并下令在孔子故里为其修建庙堂。① 从那时起，孔子就被尊奉为圣人。②

儒家学说由中国传播到亚洲各地，至今它仍然是那里最重要的哲学思想之一。

① 孔子的故乡在山东曲阜，曲阜孔庙以孔子故居为庙，始建于鲁哀公十七年，经过历代增修加建，规模也越来越大。——编者注

② 汉武帝建元年间采纳了董仲舒的“罢黜百家，独尊儒术”，孔子及其儒学地位逐渐提高，孔子的圣人地位并非在刘邦时期确定的。——编者注

8. 现代西方世界的基石：古希腊

民主、哲学、竞技场、图书馆、剧院、音乐、建筑、数学、生物和医生，我们今天理所当然使用这些词汇，却从未想过它们究竟来源于何处。其实，它们均来自古希腊，是古希腊人留给我们的遗产，这些遗产为现代政治、科学、艺术和文学奠定了基础。

说起古希腊，我们通常不会把它想象成一个统一的国家。约公元前700年，在这个崎岖不平的地区，山脚下肥沃的平原上，海岸边和岛屿上，形成了许多小国。这些小国的中心是城市，所以它们被称作“城邦国家”，希腊人称之为“Polis”。每个城邦都将自由和独立视为最重要的事情。为了保卫自由和独立，它们建立了军队，城邦之间时常发生战争。

斯巴达和雅典是其中最发达的城邦国家，这两个城邦有不同的发展道路。在伯罗奔尼撒半岛南部，斯巴达利用其训练有素的士兵占领了一个又一个城市，并且迫使城市中所有非斯巴达人成为奴隶。但是，后者却不想永远毫无怨言地当奴隶被压迫，所以骚乱和起义时常发生。后来，为了控制人数占优势的奴隶，几乎所有斯巴达男子都必须当兵。

即使起义的奴隶被镇压下去，斯巴达人也仍然时刻保持警惕，也就是说，他们必须随时准备战斗。男孩从小就被培养成战士，7岁就必须离开父母去接受训练。他们不允许穿鞋，只能穿轻便衣服，目的是磨炼其意志。

被训练的战士们只能得到很少的食物，目的是锻炼他们以后在恶劣条件下的生存能力。如果谁觉得食物不够吃，那就得像战争中的士兵那样自己想办法解决。如果有人企图偷窃并因此被抓，那么这个人就会受到惩罚。正式军训前，他们还必须接受勇气测试和参加力量竞赛。比如，年轻人被鞭笞，谁能承受更多的鞭笞数，并且不喊痛，谁就最终获胜。

拥有了如此勇猛的士兵，斯巴达因此成为希腊最强大的国家。不过，斯巴达在文化上的成就则不值一提。

在阿提卡半岛上，雅典统治范围内同样存在着社会动乱，因为这里富有的贵族经常压迫和剥削农民。但是雅典公民却不想像斯巴达人那样作出过激的反应。

为了避免发生斯巴达那样的起义，就必须采取相应措施，雅典人发明了一种双方都能接受的调解人职位。智慧的梭伦（约公元前640—约公元前561）成为担任这一职务的合适人选。他上任后就作出决定，对占有土地的行为必须加以限制，不能允许富有的贵族购买越来越多的

下图　雅典卫城是雅典的宗教活动中心。图为城中的帕特农神庙遗址。

土地，沦为奴隶的贫民也获得了解放。负债的公民不允许被当作奴隶贩卖，而且他们的债务也被免除了。除此之外，梭伦还废除了他的前任德拉古颁布的严酷刑法。梭伦制定了产生深远影响的法典，根据这部法典，雅典的未来不再由“神一样”的国王或雅典的一小部分贵族来决定，而是由公民自己决定。公民大会每年至少召开40次，会上讨论城邦面临的所有重要问题，通过法律，作出战争或和平的决定。政府的日常事务则交给一个委员会来处理，其成员从有威望的公民中选举产生。一个独立的人民法庭负责监督法律的执行。梭伦因此建立了一种全新的统治形式，人们称之为民主，即“人民政权”。

以今天的标准来看，雅典的民主还不够完善，因为真正行使权力的那些所谓的雅典公民只是人民中的一小部分，即自由男性公民。按照流行的（主要是男性）的观点，妇女缺乏参与讨论公共事务的能力，她们只能待在家里。奴隶、外来人和妇女被排除在公共事务之外。虽然这种制度还不完善，但其统治形式对当时那个时代来说，已经是非常先进的了。直至20世纪初，世界上大多数国家还没有达到当时那种的水平。

梭伦和他的后继者克利斯提尼和伯里克利所推行的改革，不仅促成了新的统治形式的建立，而且也产生了新的生活方式，至少对雅典公民来说是如此。在这座城市中，起决定作用的不再是命令和服从，而是意见的表达和辩论。想说服他人，就必须利用技巧表达出强有力的论据。这种在公共场所进行的思考和讨论，需要从各个方面对事物进行探讨，在这个过程中雅典人发明了哲学。哲学把思想从宗教的束缚中解放了出来，使它得以独立发展。因而关于人、神、天、地就产生了新的思想。公元前470—公元前320年间，雅典出现了苏格拉底、柏拉图和亚里士多德三位大哲学家，他们对西方思想的影响一直延续至今。

在艺术和建筑方面，雅典人也确立了新的标准。雅典卫城上的神庙，以及神庙内和各广场上的雕像，都已成为西方建筑和雕塑艺术的典范。希腊诗人还写出了世界文学史上第一批作品：荷马的英雄史诗《伊利亚特》和《奥德赛》，埃斯库罗斯、索福克勒斯和欧里庇得斯的悲剧和喜剧。每年春天，为祭祀酒神狄俄尼索斯都会上演这些剧目，直至今天，它们仍然经常被列入世界各国剧院的节目单中。

从某种意义上来说，雅典公民的子孙是最早上学读书的人。他们上学年龄为 7—14 岁。在学校里，他们学习读书、写字和算术，而且也重视音乐教育。每个男孩都至少要学会其中一种乐器，如吹笛子或弹里拉琴（一种小型竖琴）。随着年龄的增长，他们还要学习演讲术、修辞，以及希腊文学。英雄诗史中的一些重要的段落，学生甚至必须能够背诵下来。14 岁以后，体育成为主要课程。这种教育在“竞技场”（类似于体育学校）内进行。课程表上有体操、摔跤、拳击、击剑、跑步、掷铁饼和标枪等项目。一方面，体能锻炼服务于军事，因为每个公民都有保卫城邦的义务；另一方面，是为了培养运动天才。其中的优秀者，以及那些在课外仍然坚持努力锻炼的学生，就会有机会参加四年一度的奥林匹克运动会，这项运动会始于公元前 776 年。这对每一个希腊公民来说都是最高的荣誉。举办运动会期间，任何城邦都不许向其他城邦发起战争。这期间应该保持和平，目的是让全希腊最优秀的男子都有机会在体育竞赛中一决胜负。获胜者会受到赞扬，在家乡会像英雄一样受到欢迎。他们不再需要交税，将终身得到城邦的照顾，因为他为城邦赢得了荣誉，并且他们还能得到剧院提供的荣誉席位。也就是说，那时在体育竞赛中获得佳绩是非常值得的。

9. 第一个世界帝国：古罗马

罗马的城市标志是一只母狼，有两个男孩正在吮吸它的乳汁。这个城标源于一个传说：公元前 753 年，孪生兄弟罗慕洛斯和勒莫斯建立了罗马。他们在婴儿时期被遗弃，后来被一只母狼哺育长大。实际上，罗马的形成并没有那么多传奇色彩。今天人们普遍认为，自大约公元前 800 年开始，在台伯河沿岸山丘上的小村落里就生活着农民、牧民和渔民。这个小小的村落，经过后来 300 年的发展，就变成了一个富裕的大城市。和统治着整个意大利北部的伊特鲁里亚人[①]一样，罗马人也属于意大利最早的文明民族。

大约在公元前 510 年，罗马人开始反抗伊特鲁里亚人的统治，并推翻了他们那位令人憎恶的国王。一方面，和雅典人一样，罗马人也不想继续忍受一个国王的统治；另一方面，他们也不认为民主制度符合他们的理想。他们选择了一条折中道路：建立了一个城市行政机构，由两名执政官来行使最高职权。执政官的任期只有一年，两人中任何一人没有另一人的同意都不能单独作出决策，目的是防止其中一人的权力过大。但真正的权力却在元老院手里，这是一种议会形式，其成员为终身制，由富有家族中的男子（Patrizier）构成。普通人，即城市平民家的男子（Plebejer），尽管也可以在大会上发言，共同决定法律，选举市政府，但是罗马的所有表决权并不是平等

① 伊特鲁里亚人，是古代意大利西北部伊特鲁里亚地区古老的民族，居住地处于台伯河和亚努河之间。公元前 6 世纪时，伊特鲁里亚人创造的都市文明达到全盛时期，其后因古罗马的强盛而衰落，最后被罗马文明同化。——译注

上图 **古罗马斗兽场。**

的。一个挖空心思想出来的表决制度，保证了富有的罗马人永远占多数，所有决议都必须经他们同意后才能通过。

罗马的“共和制”（res publica），即全体人民的共同事务，事实上只是一种富人为富人谋利益的事务。长此下去，平民对这种状况越来越不满，从而不断发生冲突。尽管后来平民获得了更多的权利，但是这种状况并未发生实质性的改变。

尽管如此，平民仍然为自己的国家感到自豪，这也许是因为公元前450年公布的罗马《十二铜表法》[①]。它的先进性在于保护所有罗马公民不受专制政权的压制，并给

① 《十二铜表法》是古罗马共和国时代制定的第一部成文法典，包括民法、刑法和诉讼程序，是习惯法的汇编，它打破了罗马贵族对法律知识的垄断，一定程度上保护了罗马平民的利益。因其刻在十二块铜表上而得名。——译注

予所有公民权利保障。如果不经过正式的法律程序，也没有证据证明有罪，任何人都不得受到惩罚。这对于今天的人来说，似乎是自然而然的事情，但对当时的人来说，却带有革命性。罗马的法律制度后来就成了世界许多国家制定法律时参照的样板。

不久，罗马的新主人就不能忍受他们的城市只是众多城市中的一座。罗马必须成为意大利首屈一指的城市。为了实现这个目标，他们建立了一支强大的军队。经过一场又一场战争，罗马的地盘越来越大，到公元前270年，几乎占领了整个意大利，人口达到300万左右。通常情况下，被征服的城市仍然保持内部独立，城市里的人的生活习惯和宗教信仰也保持不变。他们只需要向罗马人缴纳赋税，一旦发生战争，他们就要入伍参军。通过这种“宽松的占领政策”，罗马人有效地预防了被征服者的反抗。除此之外，在罗马法律的保护下和高效率的行政体制管理下，这些人的日子也比以前过得更好了。

当罗马人的领地一直延伸到意大利南端后，他们开始进攻西西里。于是，罗马人与北非的迦太基人发生了冲突。那时迦太基是西地中海地区最大的航海和贸易强国。自公元前264年，双方开始了一系列既残酷又损失惨重的战争，其中就包括所谓的“布匿战争”。公元前146年，战争以迦太基的彻底失败而告终。这样一来，原属于迦太基的西西里和所有其他地区（包括撒丁岛、科西嘉岛、西班牙和北非部分地区）都成了罗马的省份。尽管如此，罗马人仍不肯罢休。他们还想继续占领希腊和地中海东部各国，罗马人的这一夙愿不到20年的时间就实现了。从那时起，罗马人就称地中海为“我们的海”。

从众多的征战中获利最多的是罗马贵族。他们分享战利品，获得战俘，这些战俘要么成为他们的奴隶，要么就被他们出售。罗马的历史学家萨卢斯特曾批评这些贵族“贪得无厌”，他写道：“每个人都在争抢他们想要的一切。”在这一场又一场的掠夺中，富人变得越来越富，而普通市民却一无所获，或者像农民那样越来越穷，尽管战争的主要负担都压在平民的身上。他们不得不参加一场接一场的战争，无数的人在战争中生病、受伤、残疾，甚至战死他乡。他们的农庄被荒废，或者为了还债被大地主廉价收购。即使农民在战争间歇能够返回家乡经营自己的田庄，他们也无法与大地主竞争。大庄园主却可以利用奴隶干活，经营田庄的成本越来越低，价格也越来越低，这就导致农民生产的东西卖不出去，从而变得越来越穷。于是许多人迁入城市，希望在那里改善自己的生活。但是，手工作坊或较大的加工厂宁肯使用奴隶干活，也不愿雇佣他们，因为不用付给奴隶工钱。这些没有工作的无产者（proletarii），这些原先的农民，不得不每日为了最基本的生存而斗争，从而成为历史上第一批城市无产者。

有一部分贵族对这种发展状况也产生了不满，其中就包括格拉古兄弟。他们想对土地占有和个人财产加以限制，并力主进行土地改革，目的是让贫穷的农民及其家庭重新获得维持生存所必需的收入。但是元老院却反对一切改革。他们认为格拉古兄弟蓄意煽动民众，企图破坏国家秩序。公元前 133 年，提比略·格拉古在一次公民大会发言时，竟然被殴打致死，他的 300 名支持者也一同被打死。12 年后，他的兄弟盖乌斯被杀害，盖乌斯的 3000 多名支持者也被处死。元老院对于罗马公民分裂为两个阵营的情况感到束手无策。在随后的 70 年里，暴力事件和内战此起彼伏。历史学家萨卢斯特写道："一切都被撕裂成两派势力，而共和国则在两派之间的斗争中走向毁灭。"

在公元前 45 年的内战中，盖乌斯·尤利乌斯·恺撒因为统率大军战绩卓著而成为声名显赫的人物，元老院任命他为独裁官，任期 10 年，不久之后又变成终身制。尽管罗马在形式上还是共和国，但实际上恺撒独揽大权。不过，他掌权时间并不长，一年后，他在一次元老院的会议上被谋杀了。

为了确定恺撒的继任者以及未来的政治体制，罗马内部又展开了长达数年的斗争。最终，恺撒的养子屋大维在斗争中占了上风，并于公元前 27 年被元老院任命为"国家第一公民"。人们称他为"大将军"，

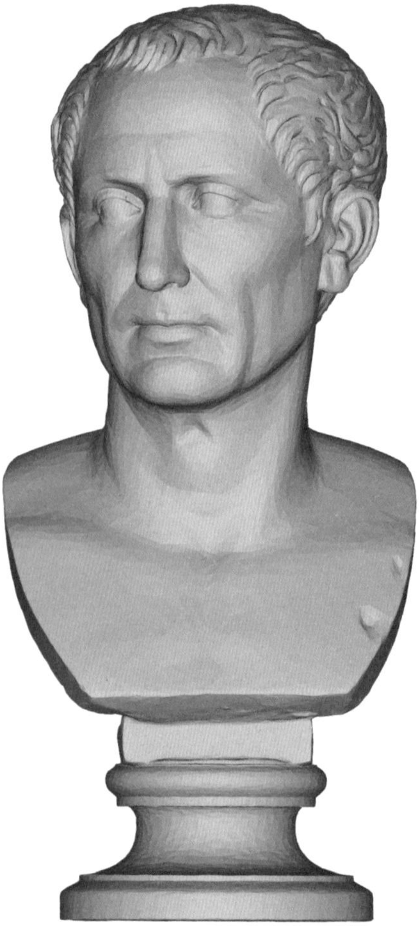

上图　**盖乌斯·尤利乌斯·恺撒半身像（公元前100—公元前44）。**

意思是军队的最高统帅，另外他还获得了“奥古斯都”的荣誉称号，意思是“至尊者”。由于他是恺撒的继承人，从而又得到了恺撒的名字。后来“恺撒”就成为“皇帝”的一种称谓。

奥古斯都从恺撒的命运中汲取了教训。他不再展示自己的权威，而是让元老院和公民大会相信，罗马的命运仍然掌握在他们自己手里，共和国仍在运转。不过，罗马的军队和国库的大权实际是由他一人掌控，没有人能违背他的意志。于是，罗马“共和国”就变成了帝国，皇帝大权独揽。

在漫长的执政时期，奥古斯都不仅在政治领域取得了一定的成就，还在文化领域有所作为。他对文学兴致颇浓，遂召诗人入宫，并为他们提供优厚的生活条件。维吉尔、贺拉斯和奥维德使罗马文学在1世纪达到鼎盛。这一时期，杰出的哲学家塞涅卡以及历史学家李维乌斯和塔西佗的著作成为历史上的经典。

罗马帝国的疆域大约在120年扩展到了最大。地中海沿岸的所有地区，如高卢（即后来的法国），莱茵河的日尔曼尼亚，以及不列颠的大部分地区，巴尔干半岛，黑海和小亚细亚，都是罗马的天下。聪明的皇帝至少心里清楚，只用武力是无法统治这个庞大国家的。因此，罗马人允许各个民族继续保留他们的风俗习惯，但罗马的法律和罗马的钱币则适用于整个帝国。而且所有的人都应该信奉罗马的神，当然这一点最难控制。拉丁语和希腊语是两种主要语言，在整个帝国内通用，这对不同地区之间的贸易往来非常有利。除此之外，罗马很早就修筑了路况良好的大道，以便于军队的快速调遣。这个道路网为贸易繁荣提供了基础。军用航船和港口也同样为经济发展创造了有利条件，并在和平时期得以扩建。

罗马的各个省从被占领中获得了巨大利益，并因此迎来了前所未有的繁荣时期，尽管这听起来有些奇怪。一方面，新建了一些城市；另一方面，旧有的城市得以扩建。城市中心建有大广场，广场周围建有房屋，广场可用于举行政治会议或司法审判。手工作坊、商店、客栈和公共浴池也成为常见的城市景观。欧洲各地的许多罗马建筑一直保留至今，见证了罗马的建筑艺术成就。

上图　图拉真圆柱上的古罗马历史场景

有权有势的人和那些富人们住在装修豪华的大别墅里，别墅的日常用水和废水都有管道与公共水道相连，甚至还有浴室和地热取暖。他们生活中还有奴隶服侍，能够充分享受人生，而普通人可以享受的东西则微不足道。农民、工人以及他们的妻子都必须艰苦劳动，才能勉强维持生计。城市里的房租往往非常高，许多家庭的收入只能负担起简陋出租屋里中的一间房。尽管如此，大部分人总体来说对自己的生活还是满意的，在帝国的前 250 年里，并没有发生像前一个世纪里那样较大规模的动乱、起义或内战。奥古斯都之后的罗马皇帝——除了极个别外——几乎都没有发动远征战争，因此罗马人度过了近 200 年的和平年代。

皇帝的软弱和帝国的内忧外患，最终导致和平年代的结束以及罗马帝国的灭亡。产生这种结果的一个最重要的原因是，耶稣基督（产生于中东）的教义在地中海地区得以广泛传播，并在罗马帝国内吸引了越来越多的信徒。这个新福音尤其对普通民众具有吸引力，它给今世生活带来了慰藉，也为彼岸世界的生活许诺了更为美好的未来。但罗马人有自己的神，他们不想接受新的神，于是他们开始迫害基督徒。

为了更好地实施统治和进行防御，284 年，罗马皇帝戴克里先把帝国划分为四个区，由四位统治者分别管辖。但是，没过多久，这四个统治者就开始率军相互攻击起来，这导致帝国的整体力量大大削弱。直到君士坦丁大帝统治时期，这四个区才重新统一。313 年，为了稳定帝国的局势，君士坦丁大帝宣布“宗教自由不受限制”，并允许基督徒自由从事宗教活动。

君士坦丁大帝的目的是赢得基督徒的支持，在他的保护下，基督教成为罗马帝国的第一大教。此外，君士坦丁大帝还作出了另一个具有深远意义的决定：324 年，他把拜占庭定为罗马的新首都，并把它更名为君士坦丁堡。

新首都位于博斯普鲁斯海峡，战略地位非常重要，是东西方之间的咽喉要地。君士坦丁大帝下令在新首都修建宏伟的建筑设施，并将罗马的统治秩序与基督教教义和希腊文化融合到一起。于是，君士坦丁堡成了罗马帝国最重要的城市，帝国的东部不久之后就在经济和文化上超过了西部。基督教成为帝国统一的纽带，皇帝成为基督教会的庇护人。

“牧首”是君士坦丁堡的最高主教，他处于皇帝之下，但罗马的主教对此表示反对。在信仰问题上，他要求对教会有最终决定权。他的依据是，使徒彼得代表耶稣基督建立了罗马教会，并在罗马把基督教的领导权交给了他的继承人，他作为后继者就是基督教的领袖。远在君士坦丁堡的皇帝只好同意了他的要求，罗马的主教后来获得了“教皇”的称号，并被承认是西方教会的领袖。自从罗马不再是帝国的首都，其作用也随之消失，并逐渐成为基督教的首府。而帝国的东部又形成了自己的教会，即“希腊东正教”，其最高领导是皇帝，作为上帝在世间的代表，其画像的头顶上总是带着圣光。

就像年轻的基督教被分裂一样，395 年，罗马帝国也再次分裂。西罗马帝国由于不断遭到日耳曼部族的侵袭而变得日益衰弱，终于无可挽回地走向崩溃。476 年，最后一位皇帝被废黜，西罗马帝国从此消亡。东罗马帝国，即拜占庭帝国，尽管多次遭到外来侵袭而逐渐衰弱，却仍然存在了千年之久。在此期间，拜占庭的艺术家和学者保护了被西方逐渐遗忘了的希腊古典文化遗产。

10. 两个新宗教：基督教和伊斯兰教

“这时发生了一件事，奥古斯都皇帝下了一道让天下人都高度重视的谕旨。”圣诞故事一开始都会讲到有个孩子在伯利恒的马厩里出生了。伯利恒位于巴勒斯坦，那时它是罗马帝国的一个省，皇帝下令做人口普查，因为他想知道自己究竟有多少臣民。生活在巴勒斯坦的犹太人并不承认罗马人的占领，他们对多神教深恶痛绝。很久以来，他们只信奉唯一的神，这个神被称为“雅赫维”。他们希望，神会派一位“弥赛亚”，即犹太民族以色列人的救世主，来拯救他们脱离罗马的统治。

据《圣经》记载，马厩里诞生的拿撒勒人耶稣很小就对宗教问题感兴趣。《圣经》上说，“耶稣聪慧过人，上帝对他恩宠有加”。耶稣 12 岁时就和老师在神庙里讨论问题，他的理解力和回答让在场的人惊叹不已。耶稣 13 岁那年，认识了布道者约翰，不久之后他自己也开始布道。所有人都是上帝的子民，天父爱他所有的子民，不管他是谁，也不管他做了什么。上帝之爱是无限的，忏悔者必得赦免。耶稣说的话不像那些犹太祭司和学者那样晦涩难懂。他使用普通人的语言，把上帝的训诫编成关于农民、渔民、不听话的儿子和丢失的羊等诸如此类的故事，这样一来，即使儿童也能听得懂。《圣经》上说，耶稣很快就赢得了众多的信徒，其中主要是穷人和弱者。他们深信耶稣讲的关于即将来临的上帝之国的教义。在上帝之国里，和平和正义统辖一切，所有人皆如兄弟姐妹般互敬互爱、和睦相处。

耶稣的出现以及他的教义对犹太祭司和罗马统治者都是一种挑衅。他受到辱骂和嘲笑，最终不得不为了传播他的信念而牺牲自己。罗马总督本丢·彼拉多判处耶稣被钉死在十字架上。耶稣的门徒，特别是他的“十二使徒”，后来宣称，耶稣复活了，并已升入天国。对他们来说，耶稣是上帝之子，是他们一直期盼的弥赛亚，他是基督，也就是救世主。十二使徒继续在世上传播耶稣的福音，尽管遭受了许多敌视和迫害，基督教最终却发展为一种世界宗教。

但是，犹太教信徒不承认耶稣是弥赛亚。他们继续信仰自己旧有的教，即“犹太教”。不过，基督教和犹太教是同源的。《圣经·旧约》是这两个宗教共有的经书。

耶稣之后大约过了 570 年，在阿拉伯荒漠上的小镇麦加出生了一个男孩，取名穆罕默德。穆罕默德很小的时候，父母双亡，后来他为阿拉伯商人干活，随着荒漠商队走南闯北。他以这种方式认识了许多陌生的城市和信仰不同宗教的人。基督教的相关学说，给年轻的穆罕默德留下了深刻的印象。他经过长久的沉思得出一个信念：确实只存在一个真主，名曰“安拉”。穆罕默德 30—40 岁这 10 年间，常常隐遁到麦加附近的一个山洞里苦修冥想。据说，一天早晨，天使吉卜利勒降临到他面前，并向他默示神启，他被选中向世人宣告唯一的真主安拉的意旨。穆罕默德遵照神启，来到麦加，向世人布道。开始时，人们对他将信将疑，他告诉人们，他要传布真主的福音：只有一个神，就是安拉，我，穆罕默德，是先知。

最初，只有很少人听他的布道。穆罕默德的生命安全甚至都得不到保障，他不得不于622年逃往麦地那。这次逃亡，在阿拉伯语里被称作“希吉勒”（Hedschra），后来成为伊斯兰教的纪元年。在麦地那，穆罕默德很快就拥有了众多信徒，这些信徒不仅把他看作宗教领袖，还把他看作政治领袖，即“伊玛目”（Imam）。在这里，他采用了面向麦加祈祷的习俗。流亡7年之后，穆罕默德的信徒越来越多，终于他士气满满地带着信徒向麦加进发，并最终以先知之名凯旋。

穆罕默德在632年去世前就成功地使所有阿拉伯部族接受了他的教义。这些教义被写进了《古兰经》里，这种信仰被称作“伊斯兰”，意思是“顺从真主的意志”或“为真主献身”①。《古兰经》是伊斯兰教的“圣经”。它为信徒的生活做了非常详细的规定，包括日常起居。它规定了祈祷的内容和形式以及次数，对饮食和禁食做了规定，并且也规定了禁止的行为，针对各种罪行都规定了详细的惩罚措施。

犹太教、基督教和伊斯兰教有许多共同点。三者最重要的差异在于，伊斯兰教不仅仅想要成为世俗国家里的一个宗教团体。《古兰经》不仅规定教徒的宗教生活，还规定他们的全部生活。宗教和政治、教会和国家、宗教生活和世俗生活成为不可分割的整体。对其教义遵循的严格程度，体现在今天伊斯兰教社会和国家的特征上，既可以是宽容的——历史上很多时期是这样的，又可以是专制的和不宽容的。

穆罕默德死后，“哈里发”代表他继承了伊斯兰教的统治权。在随后的数百年里，阿拉伯人征服了中东

① “伊斯兰”系阿拉伯语的音译，原义是和平、顺从。——编者注

地区，横扫埃及、北非，直至西班牙、葡萄牙和法国。他们战胜对手的法宝就是他们传播宗教的坚定信念，他们坚信，为此信念战死沙场能让他们直接进入天国。

在阿拉伯人主导的世界里，阿拉伯文化与希腊文化、波斯文化和印度文化相互交融，这给东方世界带来了文化繁荣。重要的文学和科学著作被翻译成了阿拉伯语，其他文化——如希腊文化——对世界的认识被接受和发展。比如数学，阿拉伯人采用了十进位制和一种数字的新书写方式，这种数字的书写方式一直延续到了今天。希腊人通过思考的方式解释世界，阿拉伯科学家与古希腊人的方法有所不同，他们采用做试验的方式，并通过这种方式在物理学和化学领域获取了新的认识。他们已经能够非常精确地计算出太阳、

月亮和行星的运行轨道，并且证明了我们所处的大地不是扁平状，而是一个球体，这一理论对于航海具有重要意义。他们在医学领域取得的成就也是非常领先的，发现了许多植物的医药作用，以此开发了新药还能为病人实施手术，为此他们在城市里修建了最早的医院。此外，我们还要感谢阿拉伯人献给世界的最美书籍之一，一部神奇的童话，舍赫拉查德为挽救苏丹的生命而讲述的故事，即《一千零一夜》(又译为《天方夜谭》)。

上图（对开） **耶路撒冷，犹太教、基督教和伊斯兰教的圣城。它本可以成为宗教和平的象征，但不幸的是，在这里宗教间的冲突过去和现在持续不断。**

今天，伊斯兰教已是世界大宗教之一，拥有超过15亿的信徒。

11. 加洛林王朝

西罗马帝国在5世纪灭亡之后，欧洲大部分地区被日耳曼部落占据了。这些部落之间并不统一，所以战争时有发生。在相互征战中，诡计多端又冷酷无情的法兰克首领克洛维率军占领了越来越多的疆土，直到500年，他成为法兰克王国的国王。后来的法兰西、德意志、比利时、荷兰、卢森堡各国就是在这片地域形成的。克洛维皈依了基督教，接受洗礼并要求他的臣民做同样的事情。尽管基督教因此成为法兰克王国的国教，但日耳曼的异教习俗还是维持了两百多年。日耳曼人的完全基督教化要归功于8世纪初的一位僧侣，即后来成为主教的卜尼法斯。

那时，墨洛温家族的一位后继者坐上了法兰克王国的王位，但是他却只能在王座上费力地讲别人教他的话。实际上真正代他主掌国务大权的是王国的宫相查理·马特。当查理·马特得知一支阿拉伯大军已经翻越比利牛斯山正在向法兰克王国挺进时，他立即率军迎战。732年10月，两军在图尔和普瓦提埃相遇，查理·马特率领的军队战胜敌军，并将敌军赶回比利牛斯山以南。这次战役遏制了信仰伊斯兰教的人继续向欧洲内陆推进的脚步，使他们继续留在了“东方世界”。查理·马特因此也被称作“西方世界的拯救者”。

查理·马特的儿子丕平认为，他代替国王处理国事，那么他就应该成为国王。得到教皇的默许之后，丕平便把最后一代墨洛温王朝的国王希尔德里克三世放逐到一个修道院里，并让贵族宣称丕平为新国王，就这样建立了加洛林王朝。为了进一步巩固政权，丕平一方面祈求教皇的祝福，另一方面还让王国内的大主教们为自己行涂油礼。如此一来，在法兰克王国的历史上，他首次将政治、宗教和教会联结到了一起，直到20世纪，这一形式一直是欧洲历代国王和皇帝纷纷效仿的榜样。自丕平开始，这些统治者们就提出了君权神授的要求，并声称自己是按照上帝的旨意行使权力。

771年，丕平的儿子查理曼就成为法兰克王国的唯一统治者。他从一开始就树立了一个目标，把所有日耳曼部落统一起来，建立一个帝国。征服了巴伐利亚和意大利北部的伦巴底之后，就只剩下信奉异教的萨克森了。经过了长达32年的顽强抵抗之后，萨克森最终还是被打败了，他们不得不接受基督教信仰。查理曼的目标就这样实现了。800年圣诞夜，查理曼在罗马被教皇加冕为“罗马人的皇帝”，于是，“西罗马帝国”在数百年之后重现。查理曼把自己看作伟大的罗马皇帝的后继者和基督教世界里的尘世领袖。不久，他就被称为“查理曼大帝”，这当然也是名副其实的，因为他不仅是一位战绩卓著的统帅，还是一位科学、艺术和文学的伟大倡导者。在他的行宫里，学者、神学家、诗人和建筑师是常客。

除了皇帝的行宫之外，修道院也成为精神生活和思想生活的中心。6世纪，努西亚的圣本笃为了让修道士全身心地投入信仰生活，建立了最早的修道院。查理曼大帝大力赞助修道院建设。他下令设立修道院学校和教堂学校，自由农民和手工业者的孩子可以在学校里学习宗教知识，读书识字，学习书写、算术等知识。甚至可以说，他推行了一种非常进步的教育政策，比其他国王更加关心贫穷百姓的疾苦。

当查理曼大帝于814年在他位于亚琛的行宫里驾崩时，身后留下了欧洲最强大的帝国，一个与东罗马帝国，即拜占庭帝国并驾齐驱的帝国，一个不惧怕任何外来强敌的帝国。查理曼的儿子虔诚者路易的才能当然无法和他的父亲相比，他无力控制一个大帝国。路易在世的时候，他的三个儿子就为争夺遗产闹得不可开交。大儿子洛泰尔甚至企图罢黜父亲的皇位自立为王。这当然完全不合两个小儿子的意，于是他们联合起来对抗哥哥。路易死后，三个儿子将帝国的疆土一分为三。最初，这三个儿子还试图

右图　查理曼大帝像，阿尔布莱希特·丢勒创作于1512年。至于皇帝本人是否为这个模样，丢勒和我们一样无从知晓。不过这无关紧要，艺术家只想将查理曼大帝统领天下的威严呈现出来。

维持帝国的统一，而事实上这次三分帝国已经预示着加洛林王朝即将走向终结。当洛泰尔的后裔绝嗣时，他分得的那三分之一的疆土大部分落入了东法兰克和西法兰克之手。这两个法兰克王国的疆界把欧洲的核心地带一分为二。936年，东法兰克王国的部落首领推选萨克森的奥托一世为王，德意志的历史从此开始了。西法兰克王国后来发展成为法兰西。

12. 中世纪的社会结构

在数千年的历史上，曾经形成过许多强大的国家，它们或早或晚走向灭亡。因为征服一个大国往往比巩固政权和治理国家更容易。如果一个统治者想让他的国家长治久安，那么他就必须想出一套治国方略。众所周知，从法老到罗马帝国皇帝，他们都曾做过各种尝试。

查理曼大帝独辟蹊径，他以日耳曼传统为基础，建立了一种对整个中世纪都具有指导意义的新的统治模式和社会结构。

为了巩固政权和加强帝国的治理，皇帝必须寻求帮助。于是，他寻找对自己忠诚的人，称他们为“封臣”，并对他们的效忠施以奖赏。这种奖赏并不是以金钱的形式，而是把土地连同土地上的农民一起分封给他们。不过，他们分得的土地和农民并非完全馈赠，两者之间只是一种租借关系。人们称这种土地为“封地”，那些封臣就是封建领主。在中世纪早期，所有土地都归皇帝所有，所以皇帝可以非常慷慨地奖赏封臣。很多封建领主分得大片土地后，又可以将封地分成小块土地再分封给下属封臣，而下属封臣又可以将封地再继续分封给更低一级的下属封臣。

这样，就逐渐形成了一种封建制度，它详细规定了，谁是谁的领主，领主与封臣之间都存在哪些义务与权利。双方要宣誓彼此忠诚："你的敌人就是我的敌人，你的朋友就是我的朋友。我会永远对你赤诚相待，若有需要会随时为你效劳。"

最初，封地只属于封臣本人，封臣死后封地要还给领主。但是，后来在东法兰克王国形成了一种惯例，封地可以传给封臣的长子，渐渐地这种惯例被普遍认可，并成为一种有效的法律。于是，封地就变成可以继承的财产了，皇帝因此就丧失了对封地的所有权。这样导致的结果是，皇帝的权力逐渐被削弱，而帝国内的世俗领主以及教会的势力反而逐渐增强。德意志帝国迟迟未能发展成一个强大的中央集权国家，主要原因就在于，帝国内各个诸侯的势力过于强大，从而阻碍了这一进程的步伐。因此，人们称德国是一个"迟到的民族"，也是很恰当的。

欧洲中世纪的社会秩序主要以封君封臣制为基础。最初分封的土地称为"采邑"，在拉丁语里叫作"feudum"，因此我们把这种制度叫作"feudalordnung"（封建制度）。这种制度类似于一个金字塔，它由不同的阶层（或曰"等级"）构成。皇帝和教皇处于最高等级，皇帝和教皇下面是世俗诸侯和大主教，他们直接从皇帝那里获得封地。他们和其他贵族、主教以及修道院院长共同构成了第一等级。再往下，骑士、官吏、富裕市民和手工业者构成第二等级。最下面的等级就是依附农和农奴。依附农依附在他们劳动的土地上，不允许搬离所属土地，领主也不能把他们从庄园里赶走或卖掉，因为他们不是领主的私人财产。农奴与依附农不同，农奴被当作奴隶或者某个物件，上层等级对待他们不会比对待牲口更好一些。在上层等级的人看来，农奴和牛一样，都是一种粗野的动物，两者的区别只在于，农奴的头上没有长角。上层人等级的生活所需全部依靠农民提供，并且他们的生活水准大部分都不错。处在最下面等级的农民必须把自己收成的一部分交给主人，并定期为主人供应肉、奶酪、牛奶、鸡蛋和蔬菜。

此外，农民还必须服劳役，必须无偿为主人在草场、田地和森林里干活。他们必须修路、建桥、造城堡和宫殿。而农民自己却只能住在用木头、树枝或黏土搭建的简陋茅舍里。虽然居室和马厩是分开的，但通常是在同一个屋檐下。他们的食物主要是汤、粥、奶酪和面包。

儿童的生活和成年人没有太大的区别。孩子们从小就必须在家里和庄园里干活，他们的童年生活里几乎都是劳作。处在最下层的人通常很早就结婚，女孩通常是 13 岁，男孩则是 18 岁到 20 岁。一对夫妻平均会生育 6 到 8 个孩子，而其中能够活下来的通常不会超过两个。女人常常死于难产，即使侥幸在生产中活了下来，她们大部分也不会活到很大的年龄，因为频繁地怀孕和繁重的劳动会让她们体弱多病。

所以说，中世纪的大部分人过着艰辛穷苦的生活，并且蒙昧无知。这种状况数百年里几乎没有变化。1620 年，诗人格里美尔豪森通过他作品里 13 岁的痴儿西木之口说：关于天上的上帝和关于他屋后的世界，

上图　一幅 1492 年的木版画。“你热切地祈祷！你保护！你劳作！”画中的皇帝正在给社会中的各等级分派任务。

他一无所知。他相信，他和他的父母还有家里的帮工就是大地上唯一的人，“因为我没有见过其他人，也没有见过其他房子，我只见过每天在我家屋子里进进出出的人……我只是长了一个人的模样，有个圣婴的名字，除此之外就是一只野兽”！

13. 千禧之交的世界

1999 和 2000 年的千禧之交，世界各地的人们举办庆祝活动，就像开启了一个新时代。但是，世界历史事件和一个新时代的开始并不是按照纪元整数运行的。对人类来说，我们总喜欢利用这样的契机，回顾过去，展望未来。不过，在 999 年年末之夜的人们搞类似的庆祝活动，几乎是一件不可能发生的事情。因为那时的大部分人可能还从来没听说过“千禧年”。但是，我还是想利用一下 1000 这个神秘的数字，以便于对当时的世界做一概观。

那时的地球上生活着大约 2.6 亿人，其中大约 6500 万人生活在中国。这个遥远东方的庞大国家在技术和文化方面都非常先进。中国人能够生产丝绸，制造瓷器，他们掌握了印刷术，设计出了最早的计算器，能够利用水力驱动机器，还发明了火药。通过横穿亚洲直到巴勒斯坦的“丝绸之路”，他们将本国的货物销往许多国家。在这个过程中，除了贸易往来，人们还会交流思想。中国东边的小邻居日本，在政府管理、艺术和文化上则把“老大哥”作为自己努力学习的榜样。

而那时的印度，大约生活着 8000 万人，是当时地球上人口最多的国家。和中国一样，要养活这么多人是一件非常困难的事情。只有当每年的收成改为两季以后，国家才有了较为充足的大米供人们食用。否则的话，1000 年左右的印度人的生活和佛陀时代不会有太大区别。阿拉伯人来到印度之后，伊斯兰教的影响在印度北部地区不断扩张，最后甚至几乎将佛教完全排挤出去了。之后，穆斯林和印度人为了争夺统治地位开始了连年的战争，100 年之后，印度被一分为二，北部的巴基斯坦成为一个独立国家。

上图 乌斯马尔的玛雅神庙遗址。图中的金字塔被称作“魔法神庙”。

但是不久之后，庞大的伊斯兰帝国的疆域已经变得太大了，以致哈里发再也控制不住局面。于是，这个帝国逐渐走向衰亡，即使如此，伊斯兰教信仰并没有受到影响。阿拉伯人在伊斯兰教世界的统治地位受到了土耳其人的挑战。在土耳其人的压力下，拜占庭帝国日益衰弱，其势力范围逐渐缩小到君士坦丁堡周围地区。

那时候，西欧还只是世界文明史上一个最微不足道的地区。罗马帝国已经消亡了，能够与之相比的文明还未出现。那时的西欧才刚刚开始从古代文明和东方强权的阴影里走出来。

那么美洲的状况又是如何呢？在美洲大陆的中部，那时已经存在有 3000 多年历史的古老文明——玛雅文明、印加文明和阿兹特克文明。那里的人类修建了令人叹为观止的建筑，他们有非常优秀的天文学家和数学家，并制订了非常精确的日历。不过，我们在亚洲民族和欧洲民族身上看到的那种活力和追求进步的速度在他们身上却看不到。这也许是由于没有与他们不同的生活方式和思维方式，缺乏同其他民族相互交流的机会。只有欧洲的发现者来到这里之后，美洲的情况才有所改变，只不过这种变化是以一种非常残酷的方式发生的。

北美洲和南美洲的人类在千禧之交的生活状况与其石器时代晚期的祖先并无多大区别。澳大利亚原住民和南非原住民的情况也与此类似。与之不同的是穆斯林统治下的北非，这里的文化、政治和经济与地中海东岸国家只有很小的差异。

14. 主教叙任权之争

查理曼大帝支持建设修道院，并且——用现在的话来说——使修道院成为教育中心。但是到了 11 世纪，这些修道院变得过于“世俗化”了，以致出现了一种与之对立的运动。这种运动发源于勃艮第的克吕尼本笃会修道院。这个修道院的修士要求重返圣本笃的理想，也就是要求修会兄弟们“祈祷和劳动”（ora et labora）。不仅修道院的生活需要改变，而且克吕尼的修士认为，整个教会都需要改革，他们指责教会太过于接近世俗事务。自查理曼大帝以来，教会和世俗统治者之间的关系确实变得日益紧密。于是针对应该如何处理世俗统治与教会统治之间的关系问题开始了长期的争论。

自加洛林王朝之后，“德意志民族的神圣罗马帝国”的统治者来自奥托家族和撒利安家族。他们作为世俗统治者理所当然有权任命修道院院长和主教。亨利三世在1039年至1056年在位期间，甚至走得更远，他直接废黜了令自己不满意的教皇。教会对此非常生气。亨利三世39岁时去世，他年幼的儿子继承了皇位，教会认为，他们的机会来了。在不受皇帝干预的条件下，由七位红衣主教选举了教皇。1075年，新任教皇格里高利七世甚至提出了更多的要求：只有教皇才有权任命主教。但是，年轻的国王却不想放弃主教任命权，因为这会削弱他的统治地位。国王与亲信商议之后，宣布废黜教皇。而教皇随即也宣布对亨利四世实施“绝罚”，也就是将国王逐出教会，并要求国王的臣属不再效忠于他。人们几乎无法理解，他们受到绝罚的国王就像一个罪犯一般，这样的事真是闻所未闻。

不久，绝罚的效果就显现出来了。许多诸侯选择站到教皇一边，否则他们自己也会面临绝罚的危险。除此之外，他们也希望借此削弱国王

右图 神圣罗马帝国皇帝亨利三世图像。

上图 1114 年古手抄本中的彩色插画。画中的亨利四世跪在修道院院长雨果·冯·克鲁尼和玛蒂尔达·冯·图齐安女伯爵面前，乞求他们在教皇格里高利那里为自己美言几句。

的势力从而壮大自己。亨利四世面临着巨大的压力，最终不得不亲自前往意大利，与教皇和解。国王身着忏悔服，来到卡诺莎城堡，跪在教皇面前请求宽恕，作为慈悲为怀的基督徒，教皇格里高利别无选择，只好接受这个悔过的罪人重新回到教会的怀抱。亨利四世选择的这一段艰难的路程是非常聪明的一步棋，被后世称作“卡诺莎之行”，载入史册。

表面上看，似乎教皇战胜了国王，不过也仅仅是看起来如此。待时机成熟后，亨利四世便率军出征罗马。他任命了一位新教皇，并让这位新教皇在圣彼得大教堂为自己加冕。

当时的人就清楚，“主教叙任权之争”并没有就此结束。数十年之后，双方才相互作出让步，首先是在英国和法国，然后是在神圣罗马帝国，1122 年双方最后妥协，并签署了《沃尔姆斯宗教协定》。协定对教会和世俗统治者的职责和权力做了明确规定。教会权力和世俗权力的分离也因此迈出了重要的一步。同时，协定还巩固了教皇作为基督教领袖的地位。

15. 十字架下的战争

对中世纪的人来说，宗教和信仰就是生活的中心，这是因为他们希望自己在尘世生活里所经历的辛劳能够在天堂里得到报偿。为此，他们必须按照宗教戒律生活。一个人如果做不到这一点，那么他就要请求上帝宽恕他的罪，并为此做忏悔。许多基督徒还要去圣地朝圣，去巴勒斯坦和耶路撒冷，因为耶稣曾经在那里生活和受难。起先，那里生活的穆斯林阿拉伯人允许朝圣者进入圣地。但是，当塞尔柱突厥人于 1071 年占领这里后，情况就发生了变化。突厥人抢劫并杀害了许多朝圣者。突厥人的存在对日益衰弱的拜占庭帝国构成了威胁。情急之下，拜占庭皇帝向教皇请求援助。1095 年，教皇利用煽动性的言论呼吁基督徒向突厥人开战：

一个被诅咒的民族，一个不信上帝的民族，残暴地袭击了基督之国，他们烧杀抢掠…… 我宣布，凡能拿起武器去讨伐异教徒者，他们的罪将全部被赦免，凡在圣战中牺牲者，将获永生。

教皇的呼吁不仅得到贵族和骑士的响应——教皇的呼吁主要是针对他们的——而且也得到了农民、手工业者甚至妇女的响应。他们参加“圣战”的动机不尽相同，有些人可能想逃脱目前生活的窘境，有些人可能希望借此发一笔横财，有些人可能真的想赎罪。准备东征的大军来自欧洲各地，1096 年 8 月，骑士军团踏上了前往巴勒斯坦的征程。经过三年的艰苦跋涉，第一次东征终于到达了目的地。军队占领了耶路撒冷，并残酷地血洗了那里的穆斯林和犹太人。突厥人被赶出圣地，骑士军团中那些不想返回家乡的人就在当地建

上图　教皇发出骑士军团东征号召后众人响应。13 世纪古手抄本中的彩色插画。

立了基督教教区，甚至有些人还建立了独立的小国。但他们经常受到周边伊斯兰国家的威胁，所以不得不寻求西方的增援，导致了后续的多次东征。尽管如此，耶路撒冷最后还是重新被穆斯林占领。

从军事上看，这次东征以失败告终。但是，对西方基督教世界来说，东征并非一无所获。其收获在于，数百年来，西欧第一次与优于自己的文明有了接触。东征队伍中的大部分人来自乡下，来到东方之后，他们见到了拥有多层建筑的雄伟城市，有些建筑甚至富丽堂皇。他们见到了公共浴池、医院和药房，大清真寺、图书馆和学校。他们认识了天鹅绒和丝绸、瓷器和玻璃器皿，还有东方香料。早在东征期间东方和西方就有贸易往来，意大利的港口城市如威尼斯、比萨和热那亚已经成为繁荣的贸易中心。

除了许多商品之外，医学和自然科学知识，阿拉伯数字以及被阿拉伯人保存下来的古典遗产也通过东征进入了西欧。毫不夸张地说，东征起到了与其目的相反的效果：战争的本来目的是想从野蛮的异教徒手中解放圣地。当他们到达目的地后发现，那里的人比他们自己要文明得多，基督徒反而需要向穆斯林学习。可以说，西方世界以这样的方式从这次战争中获益匪浅。

16. 城市的兴起

今天欧洲许多地方保存完好的城堡或者已成废墟的城堡遗址都能让人想起久远的骑士时代。骑士原本是重装上阵的骑兵，他们跟随主人行军打仗，后来，在多次东征过程中发挥了重要作用，骑士身份逐渐被赋予了一种特别的意义。骑士要遵守严格的规则，他们拥有一种独特的生活方式。骑士有自己的优势，也要捍卫信仰和正义。一个真正的骑士应该保护弱者，帮助需要帮助的人，要诚实可靠、宽宏大量、慷慨大方、无所畏惧和品格高尚。这在理论上听起来很完美，但是骑士并非圣人，实际上这些品质都很难真正做到，并且也不是每个骑士都想过这种生活。我们只需回想一下某些强盗骑士的所作所为就能对此有所认识了。

在城堡里的生活并不舒适，甚至可以说相当单调，尤其是冬天。能够调剂一下这种单调生活的活动也就是马上比武、节日庆祝，还有宫廷抒情诗朗诵。诗人会朗诵他们的诗歌或讲述传奇故事，其间也会有音乐伴奏。与主导中世纪文学的宗教诗歌不同，骑士诗不需要学者们使用的拉丁语，而是使用民族语言。于是，在法国诞生了《罗兰之歌》，在德国诞生了《尼布龙根之歌》。

骑士时代的鼎盛期一直延续到13世纪。与此同时，城市开始兴起，市民时代随之而来。在这段时期起决定作用的是日益增多的贸易活动。一些重要商路的交会地，渡口和码头，城堡和修道院附近，逐渐出现了新兴城市，市中心一般都有一个大市场。商人、手艺人和农民会在市场上售卖他们的货品。只有当他们在世俗统治者和教会那里交纳了税金后，他们才被允许进入这个市场。为了扩大收入，城市当权者会吸引更多的商人和手艺人到城里来做生意。但是，只有当生意好做，也就是有更多买主的时候，这些商人和手艺人才愿意来这里，所以，城市当权者必须想办法让更多的人搬进城里来生活。于是，他们免除了那些新市民的税，或者至少在一定时间内免除他们的税，并允许他们自由选择职业和居所，假如他们愿意，还可以在这里结婚。那时流行一句口头禅：城里的空气能让人自由。这样一来，越来越多的人涌入城市。手工业和贸易渐渐繁荣起来，不久那些富裕的手工业者和商人开始参与城市的管理事务和城市政治活动。甚至可以说，他们就像古罗马的“城市贵族”。

城市生活的自由并未消除贫富差距。城市里有许多婢女、仆人、手工学徒和诸如此类的人，他们过着朝不保夕的生活，仔细观察后就会发现，这些人并不比那些依附农更自由。城里还有这样一群人，对他们来说，城里的空气并不能带来自由，这群人就是犹太人。1 世纪至 2 世纪，犹太人被罗马人从他们的家乡驱赶出来，从那时起，犹太人就分散居住在世界各地。他们的信仰和习俗让他们有一种强烈的归属感，但这并不能消除他们被当作局外人的感觉。在中世纪的城市，犹太人生活在一个被称作“Getto”（这个词现在多用于称呼贫民区）的封闭的聚居区里。1215 年，甚至有了一项特殊规定，根据这项规定，犹太人必须穿一种能够让人识别出来的衣服。人们强迫犹太人戴尖顶礼帽，衣服上缝一块黄色布片。早在中世纪时，犹太人就常常遭受歧视和虐待，被迫害或被杀害。

上图 右侧的犹太人头戴尖顶帽子，身着有黄色布片的衣服，他们的宗教归属由此可见一斑。

这个时代的大赢家是那些商人，尤其是那些从事远程贸易的人。他们积累了大量财富，建起了小型工场或手工工场。14 世纪时就建立了最早的靠放贷吃利息的银行，一些早期“资本家”，如意大利的美第奇家族、德国的福格尔家族，可以说富可敌国，他们甚至把钱借给皇帝和教皇，并借此对重大政治事务施加影响。

随着城市的兴起，中世纪的建筑艺术也有了发展，还诞生了世界上最早的大学。人们在市中心广场和宏伟的市政厅旁边修建了主教座堂和大教堂，这些建筑至今还是欧洲各城市里的一道亮丽的风景线。同样重要的还有那些建于 12 世纪至 14 世纪的早期大学，如博洛尼亚大学、巴黎大学、剑桥大学、布拉格大学、维也纳大学、海德堡大学以及科隆大学。这些大学不仅教授正统的宗教，还教授科学思想。中世纪并非如人们后来所认为的那样，只是一个“黑暗时代”。

人们之所以把中世纪看作“黑暗时代”，其中一个重要原因是，那时战争频发，给人们带来了无尽的苦难。比如，从 1338 年至 1453 年，

上图　圣女贞德。这幅图来自一份庭审记录。

英国和法国之间发生了所谓的百年战争。这场战争被认为是欧洲历史上持续时间最长且最愚蠢的战争。战争的起因自然是争夺领土和权力，但是不久之后就没有人清楚它的真正原因了。这场战争还保留在欧洲人的记忆里，是因为一位具有传奇色彩的人物——17 岁的农家女孩圣女贞德。当时英国人已经深入法国腹地，眼看就要攻克位于奥尔良的王宫，此时贞德出现在国王面前，并且解释到，上帝派她来拯救法国。起初，她受到嘲笑，但是之后她成功

地鼓舞了法国人的士气，让那些士兵重燃斗志。“她来之前，五百个法国人被两百个英国人吓跑了；她来之后，两百个法国人打跑了五百个英国人。”一位编年史作者这样写道。事实上，法国人的确成功地把英国人从法国赶了出去。圣女贞德却落入英国人之手，他们指控圣女贞德是异教徒，将她判处火刑。1431年5月30日贞德遇害。也许贞德只是那个时代遭受刑罚并被烧死的成千上万个妇女里最为突出的一位，据说，她同时被指控为“与魔鬼缔结盟约的女巫”。

除了战争和贫穷，除了东征和迫害“女巫”，中世纪里发生的最为深重的灾难还有鼠疫。14世纪，欧洲约有三分之一的人死于鼠疫。这一切让那些刚刚走出中世纪的人们记忆犹新，他们把刚刚经历的时代称作“黑暗时代”，也是可以理解的。

下图 《死亡的胜利》，老彼得·勃鲁盖尔（Pieter Bruegel the Elder）绘。画面中的死神令人毛骨悚然。这幅画作展现了瘟疫带给人们的恐惧，也是对宗教裁判所的恐怖政治进行控诉。

17. 文艺复兴

15世纪时的大部分人把自己的命运和世界的处境看作上帝所赐，而这时的某些学者和艺术家则已经开始尝试从这种传统的世界图景里解放出来。他们至少已经预感到一个更好的时代即将到来。不过在这期间，他们不是展望未来，而是首先回顾过去，回顾古希腊罗马时代的世界，在他们眼里，那是一个比他们自己所处的时代更加明朗的世界。这个正在开始的时代被称作“文艺复兴”，意思是“再生”。中世纪基督教关于人的图景已不再适用，因为它认为人生的主要意义是为进入彼岸世界做准备。人们开始把目光转向现世，人自身成为科学和艺术关注的焦点。从古典思想出发，人不再只是世界的一部分，人自身就是其目的。人的命运应该掌握在自己手里，并充分发挥自己的能力。广博的教育是实现这一目标的前提条件，古希腊罗马就是他们学习的榜样。这种新思想首先在佛罗伦萨和威尼斯产生了，这里是当时欧洲文化最发达的地方。由于人处于中心位置，所以人们也把这种新思想叫作“人文主义”。

人文主义者认识世界的方式发生了变化，他们不再以《圣经》为依据，而是通过仔细观察和研究人与自然获取新知识。意大利人列奥纳多·达·芬奇就是文艺复兴时期的典型代表。他不仅创作出著名的艺术作品，如《蒙娜丽莎》《最后的晚餐》，而且还是雕刻家、科学家、建筑师、工程师和发明家。他设计飞行器，解剖尸体，研究人体的构造和功能。他把自己的所见所得记录下来，并绘制了解剖图。全能天才列奥纳多·达·芬奇对于自己作为一个科学家和发明家的责任有着清醒的认识，这也是我们对每位科学家的期

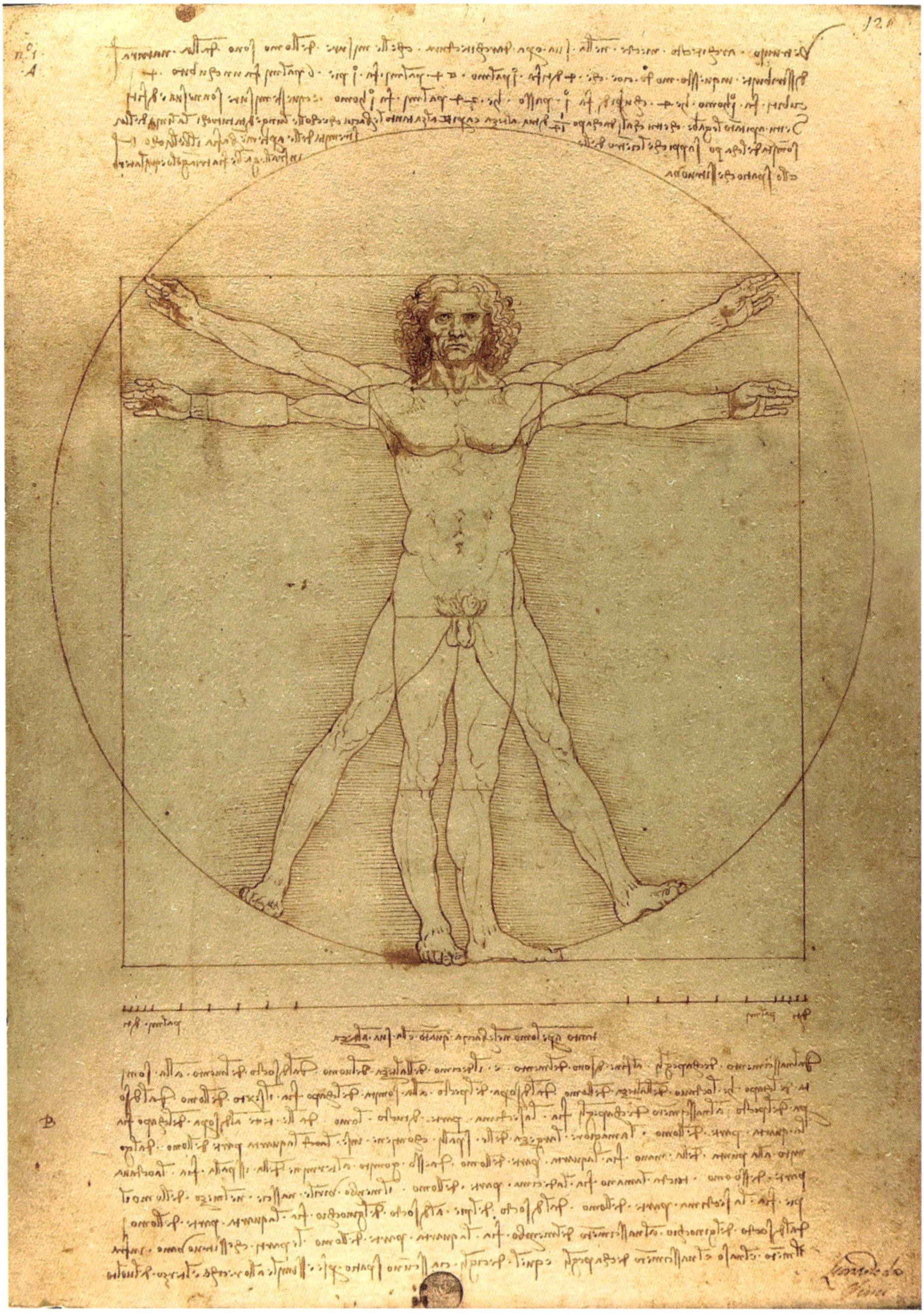

上图 《维特鲁威人》是列奥纳多·达·芬奇在 1487 年前后创作的素描作品。它展示了理想的人体比例关系。

待。达·芬奇写道：“我知道，人如何能够在水下不进食而长时间停留。但是我不想公布，也不会和任何人解释这个秘密。因为人性是恶的，有人会利用这项技术在水下杀人。他们可能会在水下凿穿船底，让船和船上的所有人沉到水底。”

假如我们想列举人类历史上诞生过很多具有最伟大才智人物的时代，那么文艺复兴时期是其他任何时代都无可比拟的。列奥纳多·达·芬奇的同乡，画家和雕刻家米开朗琪罗，伟大的人文主义者和哲学家鹿特丹的伊拉斯谟，发现地球和其他行星一样围绕太阳旋转的天文学家尼古拉·哥白尼，都是生活在这个时代的人。这些人的新思想和新发现得以快速传播，要归功于文艺复兴时期的一项重要发明——铅活字印刷术。约1450年，美因茨人约翰内斯·古腾堡首次成功利用金属活字印刷出书籍。这要比手抄和雕版印刷快捷和便宜得多。这样一来，一本书能以同样的质量大量印刷，使知识得以广泛传播。后来，法国作家维克多·雨果甚至称古腾堡的发明是“人类历史上最伟大的事件”。

18. 地理大发现

文艺复兴是科学家和艺术家的时代，也是世界探险家和航海家的时代。中世纪时期，人们主要沿着已知的海岸线航行，因为他们担心会在“世界的尽头”被冻死、被烧死、被风暴击垮，或者被海怪吞食。直到15世纪，这种恐惧也没有完全消除，但是文艺复兴运动所造成的觉醒氛围使航海家们鼓起了勇气。他们满怀好奇心敢于冒险。当然他们也想在冒险中获取财富，一批又一批航海家们踏上了开辟新航道、探索新世界之路。

1453年，土耳其人最终战胜并灭亡了拜占庭帝国，君士坦丁堡改称伊斯坦布尔，成为奥斯曼帝国的首都。自此以后，他们统治着整个地中海地区并控制了欧洲和亚洲之间的所有重要商道。他们向商人征收高额关税，这使来自印度和中国的抢手货物价格日益高昂起来。于是，人们在与东亚进行贸易时试图绕开奥斯曼帝国，而这似乎只有通过海路才有可能实现。

位于西欧最西端的小国葡萄牙就成为航海家们寻找新航道的起点。他们打算从这里出发绕过非洲前往印度。他们年复一年沿着非洲西海岸向南航行，到了1487年才有一艘船抵达非洲大陆最南端，非洲大陆要比人们事先推测的大得多。

终于有一位意大利航海家提出了一个简单却又富有智慧的想法：如果地球像亚里士多德说的那样是圆球状的，那么，只要一直往西航行，总有一天会在遥远的东方靠岸。中国的指南针作为重要的导航工具也为这一大胆的冒险计划提供了保障。当克里斯托弗·哥伦布（1451—1506）提出他的“疯狂想法”时，他也像其他人一样遭到了嘲讽。他年复一年请求葡萄牙国王为他的探险提供必要的资助，并许诺将会从印度带回财宝献给国王。由于国王拒绝了他三番五次的请求，于是哥伦布就去求助西班牙国王。在西班牙，他也没有受到热情接待，不过女王对他的计划还是表现出兴趣，并且给了他可以装备三艘船的资金。1492年8月3日，哥伦布就和120名船员起航离开了西班牙。未知海域里的航程要比他原想的航程长得多。船员们开始对他的计划产生怀疑，他们的恐惧感一天天加剧，甚至想掉头返回。但是哥伦布坚信，他们迟早会抵达印度，在他的催逼下，船员们继续向西航行。1492年10月12日，终于有人喊道：“看见陆地了！”哥伦布在航海日志里写道：“我们收起副帆，只靠主帆航行。然后我们抛锚，等待黎明破晓。我们到达了一个海岛，这一天是星期五，在印第安语里这个岛叫作‘瓜纳哈尼’。”

哥伦布写下“印第安语”，是因为他认为，他们上岸的海岛属于印

上图　在西奥多·德·布里写于 1594 年的《美国故事》一书中，描述了哥伦布在瓜纳哈尼岛登陆时的场景。那时原住民还把这些外来者看作客人。

度，因此他把岛上的居民称作“印第安人”。

在随后的十年里，哥伦布又向西航行了三次，他一直坚信抵达了东亚。为了纪念他的误会，至今人们还把他发现的岛屿称作西印度群岛。

后来其他航海家也开始向西航行，但是不久他们就清楚了，哥伦布发现的这条航道不是通往印度的，而是通往一个之前没人知道的新大陆。人们以航海家亚美利哥·韦斯普奇（Amerigo Vespucci）的名字把这个新大陆称作“亚美利加洲”。

不久，征服者就循着那些发现者的足迹踏上了这块新大陆，西班牙人和葡萄牙人开始为这个“新世界”归属发生争执。最后这件事交由教皇裁决。教皇并没有考虑多久，而是让人拿来一张新世界的地图，在地图上从北往南画了一条线。他说，这条线以西归西班牙，以东归葡萄牙。他们之间的争执就这样暂时解决了。

那些征服者实际上都怀着到美洲猎获财富的目的。尤其是对黄金的贪欲使得他们完全忘记了基督教的美德，为达到目的而不择手段。西班牙骑士埃尔南·科尔特斯和他率领的五百名士兵的行为特别残暴。他们听说了印第安人的神奇故事和神话般的阿兹特克帝国，就踏上了征服之路，寻找传说中的帝国。被侵扰的印第安人试图自卫，但是当他们见到西班牙骑兵和轰鸣的大炮时，便吓得落荒而逃了。他们之前从未见过一匹马，也未听过大炮的轰鸣声。他们把这些威力无比的陌生人看作神灵。1519 年 11 月，西班牙人抵达阿兹特克帝国的首都，他们几乎无法相信自己的眼睛：

这座巨大的城市特诺奇提特兰位于一个盐湖边。它的主街道非常宽阔并且笔直，街道的一边是陆地，另一边是运河，运河上有船只通行……城内有许多公共广场，广场上总是有热闹的集市。还有一个大广场，大广场的四周是带有立柱的大殿。每天都有超过 6 万人聚集在这里，他们是商人和顾客，在这里交易食物与用黄金、白银、铁皮、黄铜、骨料、贝壳、龙虾壳和羽毛制成的小饰品。这里有出售成药的药房，有药水、药膏和药贴。这里还有用钱购买的饭食和饮料……城里有许多建造得很大很好的房子。有这么多漂亮房子，是因为这个国家的权贵人物和蒙特祖玛的扈从都在城里有自己的居所，并且一年内会在此度过一段时间。除此之外，还有很多富裕的市民也拥有漂亮的房子。他们的房子除了有很大很漂亮的房间，还有非常漂亮的花园……城市中居民的衣着非常时尚、讲究，享受着比其他省份和城市里的人更好的服务。由于蒙特祖玛和他的大臣们长期在这里居住，这里的一切也更文明，更有秩序。

科尔特斯就是这样向西班牙国

上图 《阿兹卡提特兰抄本》，描绘的是科尔特斯和他的西班牙军队。画面中右侧两个人是科尔特斯和马林奇。

王报告的。阿兹特克人非常热情好客地接待了这些陌生人。只有当西班牙人盗窃他们的财宝并且试图用武力强迫他们信奉基督教时，他们才开始反抗。科尔特斯把蒙特祖玛抓起来做人质，并要求他安抚民众。但是，当蒙特祖玛讲话时，人群中发生了骚乱。他本人被一块石头砸中后丧命。科尔特斯带着他的一部分人马仓皇而逃。一年后，他又带着更多的兵马杀了回来，占领并摧毁了特诺奇提特兰。在这座城市的废墟上，建起了一座新的西班牙城市——“墨西哥城”，并且在神庙广场上修建了一座宏伟的教堂。其他城市的命运也好不到哪去，1522 年，阿兹特克帝国灭亡了。取而代之的是“新西班牙总督王国”，埃尔南·科尔特斯任总督。

十年后，西班牙人听说，在南美洲还有一个民族比阿兹特克人更加富有。在安第斯高原上生活的印加人确实非常富有。他们的财富是建立在勤劳、节俭和严格的组织生活的基础之上。一切财产归国家所有。国家制定农业和矿产规划，监督手工业生产并确定物资的分配。国家还为老弱病残提供生活所需。用现代人的话来说，几乎可以称它为一个社会主义国家。

为了国家的防御和扩张，印加人拥有一支极富战斗力的军队，其战斗力要胜过西班牙入侵者。西班牙的军队首领弗朗西斯科·皮萨罗试图利用奸计克敌：他邀请印加人首领不带武器参加一次友好谈话，但是当印加人首领赴约时，却被抓捕了。皮萨罗向印加人提出要求，如果他们还想见到活着的首领，那么印加人就必须拿黄金填满一个大房间。于是，印加人送来大量用黄金做成的器皿和艺术品，但是皮萨罗并没有信守承诺，下令杀死了印加人首领。他们的首领和“太阳神”之死导致了印加人的暴动，最终西班牙人用武力征服了这个国家。

不久之后，对这个新世界肆无忌惮的掠夺就开始了。除了新的果实如可可、玉米、马铃薯、西红柿、菠萝和烟草外，欧洲人更感兴趣的是黄金和白银。印第安人不得不在矿山里忍受非人的劳动条件，许多人悲惨地死去。此外，欧洲人带来的瘟疫和疾病对印第安人也是致命的威胁。据估计，在中美洲和南美洲没被发现前，这里生活着大约7500万人，而到了1570年左右，就只剩下800万至1000万了。仅仅这一组数据就足以表明，欧洲人在这片土地所行之恶。不过，这并不是全部。没过多久，印第安人的数量就不能满足田间劳动和金银矿开采的需求了，于是有人开始到非洲猎捕黑人，然后用船把他们运往美洲，像牲口一样贩卖。

下图　套着枷锁的人像动物一样被牵着走。图为殖民者在非洲西海岸抓捕奴隶的场景。

16世纪，当欧洲开始从黑暗的中世纪走向光明的新时代之时，欧洲的征服者们却在南美洲和非洲写下了世界历史上最黑暗的一章。这两个大陆至今还没有完全从殖民的阴影里走出来。

19. 基督教会的分裂

1500年前后，西欧只有一个基督教会，其首脑是罗马教皇。这个教会逐渐变得越来越世俗化。与耶稣基督的教义和人的灵魂拯救相比，许多大主教更关心金钱、奢华的生活和权力。教廷需要大量钱财用于维持其奢侈生活。16世纪初，教皇利奥想建一座世人未曾见过的教堂，因此需要开发额外的财源。于是他想出了一个狡猾的计策——出售“赎罪券”。他派布道者向信徒们宣称，只要他们购买“赎罪券”，那么信徒们的罪就可获赦免，免遭炼狱之苦。

上图 《路德像》，老卢卡斯·克拉纳赫绘。

这项违背基督教教义的生意遇到了德国神学家马丁·路德（1483—1546）的强烈抵制。1517年10月31

日，路德发表了《九十五条论纲》。他认为那些售卖“赎罪券”的布道者要么是搞错了，要么就是故意说谎，他的依据是《圣经》。他写道：“即使没有‘赎罪券’，每个为自己的罪真诚忏悔的基督徒，仅是通过上帝的恩典，他的罪也完全可以获得赦免。”

终于有人站出来公开指出天主教会的弊端，并且使用的是每个人都能听懂的清晰的语言，许多人为此大受鼓舞。路德很快就赢得了众多支持者，这些人和路德一样，都想改革教会。这当然让那些大主教们极为不悦，教皇要求路德“收回他的错误言论”，否则就将他逐出教会。路德并未屈服，对他来说，《圣经》里的话比教皇的话更值得尊重，他甚至称教皇是个“反基督者”。

教皇向路德发出绝罚通谕，路德在支持者的欢呼声中当众焚烧了教皇的通谕。教皇的使者有如下记述：

整个德国群情激愤。十分之九的人在欢呼“路德”，另外十分之一的人，即使对路德不感兴趣，也在喊“打倒罗马教廷！”

1521年，为了平息骚乱，皇帝查理五世邀请这位“叛逆的修士”参加沃尔姆斯帝国会议。他要求路德在世俗诸侯和大主教面前收回自己的错误言论。但是路德毫不妥协，仍然坚持自己的立场。如果不是当时的萨克森选帝侯[①]保护了他，并将他隐藏起来，也许他就会被判为异端而施以火刑了。

其他德国诸侯也站在了路德一边，并且脱离了天主教会。不久，这两个阵营之间就不可调和地对立起来。1546年，双方甚至爆发了一场战争。1555年，双方签署了《奥格斯堡宗教合约》。最终，路德的教义以及新教（即“抗罗宗”）得到教会的承认，并且享有与罗马教会同等的权力。神圣罗马帝国的每个诸侯从此可以自己决定，在他的领地上信奉哪种宗教。

不过，宗教改革运动并不仅限

① 萨克森选帝侯是萨克森—维滕堡公国的君主继承者。此处是指萨克森的选帝侯智者腓特烈三世。——编者注

于德国。在瑞士，受过人文主义教育的牧师乌尔里希·茨温利（1484—1531）和在日内瓦生活的法国人约翰·加尔文（1509—1564）成为推动改革的主力军。特别是加尔文，他独立发展出一套与路德明显不同的教义。他的出发点是“先定论”，人的命运是预先注定的：“因为每个人不是以相同的条件被上帝创造的，有些人已经预先注定将获得永生，而另一些人则注定会被永远罚入地狱。”按照加尔文的教义，一个人是否被上帝选定，他在世时就已明确可见了：若谁通过勤奋和节俭成功地积累起财富，那么他就会获得永生；若谁做不到，那么他就会被罚入地狱。这一观念成为加尔文教的核心思想。他教导其信徒要有获利的欲望，而他的这一思想成为现代资本主义产生的一个重要驱动力。

加尔文的教义从瑞士传播到了南德意志，后来又逐渐传播到了尼德兰、法国（在当地的信徒被称作“胡格诺派”）、苏格兰和英格兰。苏格兰和英格兰的加尔文教信徒自称为“清教徒”。这些清教徒中的许多人后来移民去了美国，他们对美国的发展影响深远。

20. 欧洲的宗教战争

天主教会尝试用各种方式阻止新教的传播。1545 年，天主教会在特兰托召开宗教会议。为了革新天主教教义和教会自身，这个会议居然持续了 18 年之久。信仰原则被重新清晰地加以表述，并与“异端邪说”划清界限，进一步明确了教皇、主教和牧师的权利与义务。他们都必须重新成为上帝的仆人，而不应该成为贪欲权力和追求享受的王侯。他们应该更多地关心信徒，特别是关心穷人。天主教会试图借此重新赢得人们的信任，让教会更具吸引力。西班牙人依纳爵·罗耀拉于1534年建立的“耶稣会”也对此做出了贡献。“耶稣会修士”并非离群索居，而是生活在人群中，他们是中学或者大学的教师，是诸侯宫廷里的顾问和告解神父，是传教士，借此扩大教会的影响。天主教会自身改革这一时期也被称作“反宗教改革时期”。确实，没过多久就有许多人重新回到了天主教会的怀抱。

但是，天主教和新教之间还无法维持长久的和平。在所有天主教和新教并存的欧洲国家里，还总是不断发生冲突。1572年8月24日，在法国发生的“圣巴托罗缪之夜大屠杀”成为双方冲突的一个悲惨的高潮。天主教狂热分子在这个夜晚屠杀了大约2万个胡格诺派[①]信徒。但是，即使如此，法国的新教也没有被长久镇压下去。1589年，亨利·德·纳瓦尔成为法国首位胡格诺派国王。虽然他后来不得不皈依天主教，但是他于1598年颁布的《南特敕令》还是给了胡格诺派信徒在法国平等的权利。

那时，在强大的西班牙执政的是腓力二世。有人说，他比教皇更加笃信天主教。他下令追捕所有信奉新教的“异端”，谁要是不发誓放弃“异教邪说”，就会被施以火刑。那时的尼德兰也属于西班牙，腓力二世企图使用一切手段压制尼德兰的新教。不过，在威廉·冯·奥兰治的带领下，北尼德兰的新教徒顽强抵抗西班牙的统治长达十年之久，并在1581年最终赢得了独立。他们的反抗行动有理有据：

不是人民为王侯而生，而是王侯为人民而生，因为没有人民，王侯将不复存焉。王侯的责任就在于，他必须依法公正地统治臣民。假如他不能这样做，而是只把人民当作奴隶，那么他就不再是王侯，而只是一个暴君。如今，我们宣布，西班牙国王已经丧失了统治尼德兰的一切权力。

---

① 胡格诺派，新教加尔文教派在法国的称谓。17世纪以来，胡格诺派普遍被认定为“法国新教”。
——编者注

上图 骇人听闻的“圣巴托罗缪之夜大屠杀”。图为弗朗索瓦·杜波依斯所绘。

我们解除一切官员、上级、主人、封臣和居民以前曾经发誓效忠于西班牙国王的诺言。

这里，尼德兰人第一次表达了自己反抗的正当性，而这些内容也成为后来许多宪法中的内容。

但是，腓力二世并没有放弃对新教徒的讨伐。他组建了当时最强大的舰队，并派这支“无敌舰队”出征英格兰。那时在位的伊丽莎白一世是新教徒，而信奉天主教的苏格兰女王玛丽·斯图亚特正在与她争夺王位。伊丽莎白一世下令囚禁了这位竞争对手，并将其处死，这成为腓力二世讨伐英格兰的理由。另一个理由是，伊丽莎白一世还支持过尼德兰人反抗腓力二世，并迫害本国的天主教徒。腓力二世试图征服英格兰并废黜伊丽莎白一世。但是，由于西班牙战舰过于庞大并负载过重，在两军交战中反应笨拙，而英格兰的小船行动更为敏捷，因此英格兰在交战中占据上风。此外，海上的风暴天气也助了英格兰一臂之力。于是，1588年，西班牙的无敌舰队遭到了毁灭性打击。腓力二世在争夺欧洲天主教霸权的斗争中失败了，而英格兰则开始崛起，成为世界海上霸权和殖民强国。

在德国，天主教徒与新教徒之间的矛盾也于17世纪初进一步加剧，并最终于1618年发展为一场持续30年的战争。战争开始时，真正的目的还是宗教信仰，但是皇帝的天主教队伍在统帅华伦斯坦的带领下占领了信奉新教的北德意志后，企图吞并教会的财产归皇帝所有，信奉天主教的诸侯也开始反对他们的皇帝了，他们不想让皇帝的势力过于强大。对这些天主教诸侯来说，权力问题要比信仰问题更加重要。

下图 即使针对平民百姓，三十年战争中的士兵也毫无怜悯之心。

当德国的邻国瑞典加入这场战争时，权力的争夺也成了重中之重。尽管瑞典国王古斯塔夫·阿道尔夫率军参战是为了新教，但是他的主要目的则是从天主教手中夺回北德意志的控制权，从而巩固瑞典在波罗的海的领导地位。他的行动得到了天主教法国的支持。此时的战争早已不再是宗教之间的战争。法国更希望看到，德国因分裂和长期战争而被削弱，最终丧失其在欧洲的领导地位。最后法国的愿望实现了。

1648年10月，战争双方签署了《威斯特伐利亚和约》，合约再次确认了1555年的《奥格斯堡宗教合约》中的内容并补充了一项重要条款：臣民不再有义务接受统治者的信仰。合约使德意志诸侯的势力得以增强，而皇帝的势力则被削弱。德国必须割让土地给法国和瑞典，瑞士和尼德兰成为独立国家。战争之初，帝国大约有1700万人，而战争结束时就只剩下大约1000万人了。战后的人们面对的是一片荒芜的土地，德国需要数十年的时间才能从战争的创伤中恢复过来。

21. 中国和日本的闭关锁国

欧洲征服者试图在远东扩大其影响和势力。他们在一些小国以及印度取得了成功，但是在中国和日本则碰壁了。

中国人的生活在数百年里几乎没有发生多大变化。改朝换代时有发生，软弱的皇帝被强大的皇帝取代；某些皇帝重视强军，并利用军事优势扩张帝国的版图，另一些皇帝则把促进经济和贸易的发展看作更为重要的事务；某些皇帝实施暴政，而另一些皇帝则仁政治国，重视教育和文化。

只有在14至17世纪的明朝，中国才短时间把目光转向西方。中国人组建了一支船队，于1431年抵达非洲东海岸，并且也起航驶向欧洲方向。但是，中国的对外政策却突然发生了改变，海外探险戛然而止。此后的近500年里，中国与西方世界和西方思想几乎完全隔绝开来。1793年，乾隆皇帝还给英国国王写了一封信，信中说：

奉天承运皇帝敕谕英咭利国王知悉，咨尔国王远在重洋，倾心向化，特遣使恭赍表章，航海来廷，叩祝万寿，并备进方物，用将忱悃。朕披阅表文，词意肫恳，具见尔国王恭顺之诚，深为嘉许……若云仰慕天朝，欲其观习教化，则天朝自有天朝礼法，与尔国各不相同。尔国所留之人即能习学，尔国自有风俗制度，亦断不能效法中国，即学会亦属无用。天朝抚有四海，惟励精图治，办理政务，奇珍异宝，并不贵重。尔国王此次赍进各物，念其诚心远献，特谕该管衙门收纳。其实天朝德威远被，万国来王，种种贵重之物，梯航毕集，无所不有。尔之正使等所亲见。然从不贵奇巧，并无更需尔国制办物件……尔国王惟当善体朕意，益励款诚。永矢恭顺，以保义尔有邦，共享太平之福……

直到18世纪，中国人自认为比世界上任何其他国家都优越。葡萄牙人、荷兰人和英国人都曾经试图在中国站稳脚跟，甚至试图传播基督教信仰，但都以失败告终。中国与欧洲的关系仅限于往欧洲出口瓷器、丝绸、棉花和茶叶。

欧洲人在日本取得的成功要比在中国大得多。1542年，第一批葡萄牙商船在日本靠岸，七年后耶稣会传教士弗朗西斯·哈维尔也来到日本，试图将日本基督教化。他与同道的努力取得了巨大的成功，人们甚至把这一时期称作日本历史上的“基督教世纪”。取得这种成功，是因为当时日本的各路诸侯征战不断，无暇顾及欧洲传教士的动向。1600年，德川家康最终成为战争的胜利者。他统一了国家，并让天皇授予他幕府将军的继承权。幕府将军是一种集政府首脑和最高统帅于一身的官职，是一国之内权力最大的人。德川家康一上任，就开始对西方入侵者采取行动。欧洲人被赶出了日本，基督徒被驱逐。大约17世纪中期，基督教信仰在日本几乎销声匿迹。

除了中国人和少量的荷兰商人可以在日本销售西方货物之外，所有外国人都禁止在日本从事贸易活动。从1615年至1854年，德川幕府彻底关上了国门。外国人不许进来，日本人也不许出去。日本人尊崇传统的价值观念，人们按照古老的习俗生活。就这样，在此后的250年里日本人享受着相对安稳的生活。不过，日本和中国的闭关锁国政策却导致这两个国家与西方的经济和科学发展断绝了长达数百年的联系。

22. 朕即国家！

历史上没有哪个统治者说过的话能像路易十四说的这句话一样名闻天下。他于1643年继承法国王位，当时还不满5岁，在位时间长达72年，还没有哪位统治者能够执政这么久。当然，孩提时期他还不能亲理朝政，替他主政的是宰相、枢机主教马扎然。马扎然于1661年死后，路易十四便召见枢密院大臣，并宣称："朕召集各位前来，是想告诉诸位，即日起，朕将亲理朝政。若朕需要，诸位爱卿可觐见朕。"当一位神职人员问，枢机主教马扎然去世后他应该向谁请示，路易十四答道："朕，大主教先生！"

路易想大权独揽，所以他笼络了一批对自己忠心耿耿的心腹。那些自认为能够得到更高权位的大贵族，却被路易巧妙地解除了权力：名义上他们是国王的顾问，而实际上国王只是为了更方便地控制他们，路易几乎从未让他们建言献策。

即使在外省，路易也不再把权力交给贵族，而是在每个行政区内安插忠诚于自己并且是来自市民阶层的官员。假如其中有人没有尽职尽责，那么国王随时可以罢免他。

所有一般税收和关税均流入国库，如何使用这些钱，都由国王说了算。而且他还有权颁布法律，即使有关战争与和平的问题也都由国王一人决定。国王掌握着国家的绝对权力，实施的是一种"专制主义"统治。路易十四把自己比作太阳，因此他也被称作"太阳王"。至于本章标题引用的那句名言是否出自国王之口尚无定论，不过作为国家绝对统治者的路易十四完全有可能说出这种话。

"太阳王"下令在凡尔赛修建了一座宏伟的宫殿，按照我们今天的货币计算的话，耗费了250亿至

300 亿欧元，这笔费用在当时可是个天文数字。在这个王宫里有 4000 人侍奉国王，从清晨穿衣至夜晚就寝，他所做的一切就仿佛在上演一部戏剧，他是主角，而众人皆为龙套。和建造这座昂贵的宫殿一样，要维持王宫里的奢华生活也需要巨大的开销。除此之外，还有一支庞大的军队，一支“常备军”，和平时期军队也需要一大笔开支。

筹集所有这些资金是财政大臣库尔贝的任务。他认为，国际贸易就好比一场战争。根据他的理论，若要赢得战争，就必须多出口，少进口。在他看来，早期的工业企业和手工工场，最适合这种经济理念。通过低息贷款和免税就可以特别促进这些企业的发展。

在手工工场里，各种生产工序配合协调，上百个专业和辅助工人，批量生产出优质的服装、地毯、家具、马车以及其他产品，这种情况类似于现代的流水线作业。为了能尽快销售这些产品，他扩建或新建公路、运河和港口又将出口关税下调，以便于商品在国外低价销售；进口的外国商品的关税则上调，而上调的价格对于大部分法国人来说太高了。这种经济政策被称作“重商主义”。库尔贝的首要目的是保障国库充盈，而并不顾及国民的真正需求。

1698 年，国王的一位顾问报告说：

> 近来有十分之一的臣民已经食不果腹，仅靠乞讨为生，另外的十分之九中有五成的人已经无力施舍救济那些乞讨的人，因为他们自己的命运与那些乞丐也仅有毫厘之差。其余的五成人中有三成已经生活落魄，并且官司缠身。我的印象是，我们法国下层民众的疾苦没有得到足够关注。他们是王国里生活状况最悲惨的阶层，并且他们也是数量最多的，为国家作出了真正的贡献的人，所以他们是我们国家最重要的阶层，他们通过劳动、经商和纳税养着陛下和陛下的整个王国。

1715 年，路易十四去世，他身

左页图　**路易十四的肖像，亚森特·里戈绘。**

上图　1668年的凡尔赛宫，由皮埃尔·帕特尔绘制。

后的法国虽然外表辉煌，但是内部已经千疮百孔、矛盾重重。国家财政已经不堪重负，法国在欧洲的霸主地位摇摇欲坠，法国人民的生活也早已陷入穷困悲惨之境。

尽管如此，路易十四仍然成为那个“专制主义”时代的欧洲王侯们纷纷效仿的伟大榜样。他们效仿他的生活方式，效仿他的治国方略，他们都想成为一个“小太阳王”。跟法国一样，生活在这些国家的普通民众深受其苦，特别是那些农民，被无情地榨干了最后一滴油水。他们不仅要交纳赋税，还要被迫服徭役，修建宫殿、修道院、教堂和市政厅。我们今天去参观那个时代的宏伟建筑时，不应该遗忘他们做出的贡献。

23. 英国的榜样

1215 年之后，英国的专制君主已不复存在。那时，著名的《自由大宪章》里就有明确的条文：只有在诸侯、主教和男爵同意的前提下，国王才有权增加赋税。一个由上层贵族组成的议会负责监督实施。这个议会逐渐发展成委员会，国王做所有重大决定时都要听取他们的意见。自 14 世纪以来，有威望的市民和骑士也被召集参会，一分为二的英国议会上下两院便是由此而来。上层贵族和主教组成“上议院”，骑士和市民组成“下议院”。

从“大宪章”发表到 17 世纪初，所有英国国王和女王均与议会合作，他们之间并未发生值得一提的冲突。但是到了 1625 年，查理一世当政时情况发生了改变。他认为，他是上帝选出来统治这个国家的君王，而且他以自认为正确的方式实施统治。他援引著名学者的著作作为理论依据：在一国之内，什么可以做，什么不可以做，只能由一人决定，这位统治者只对上帝负责。但是，议会和英国人民并不同意他的主张。双方的冲突郁积多年，直到 1642 年终于爆发了内战。议会军由奥利弗·克伦威尔（1599—1658）率领，他是个激进的清教徒，并自称为“上帝的卫士”。在两次决定性的战役中，克伦威尔的军队获胜。随后，他把所有不想追随他并主张与国王谈判的人从议会

上图 查理一世被送上断头台。围观的群众仿佛意识到了这一恐怖的事件究竟意味着什么。

里赶了出去。残余的议会成员把国王送上了法庭，国王被判处死刑。1649年1月30日，查理一世在他伦敦的王宫前被斩首。臣民起义要了国王的命，这在世界历史上还是头一回。

英国宣布成立共和国，克伦威尔成为政府首脑。成为统治者后的克伦威尔很少顾及议会的权利，并于1653年自立为终身“护国主”，像军事独裁者一样，利用自己的军队统治国家。他的统治方式与被处决的查理一世几乎没有什么区别。他死后，他的儿子继位，但这个儿子太无能，一年后便被废黜。大多数英国人早已厌倦了克伦威尔式的共和国，他们还是希望再有一个国王，一个被强大的议会牵制的国王。

1660年5月，在承诺尊重议会权利的基础上，查理二世成为新国王。但是没过多久，人们就发现，他也追求专制统治。而且查理二世和天主教教会走得很近，在任命官职上偏袒天主教势力。议会制定了一项法令用以抵制国王的意图，即禁止天主教徒担任任何公职。议员们还想有更进一步的动作，他们试图完全断绝天主教徒成为英国国王的可能性。查理二世死后，他的天主教徒弟弟詹姆斯二世继承了王位。当新国王企图加强天主教势力从而削弱议会时，双方的冲突变得尖锐起来。而当詹姆斯二世的女儿玛丽与尼德兰新教徒威廉·冯·奥兰治结婚后，对议会有利的时机来了。议会希望这两人能够与他们携手对抗天主教势力，议会则以英国王位作为回报。二人同意了。1688 年，他们带领一支大军登陆英格兰，英国国王被迫逃亡法国。国王的军队也缴械投降了，威廉和玛丽的军队没有流一滴血就踏进了伦敦城。不过，举行加冕仪式前，他们必须签署一份协议，即《权利法案》，其中规定了议会和市民享有的基本权利：

法律的颁布和废除必须经过议会同意；税收、关税和开支也必须经过议会许可；议会选举必须自由举行不得受到任何干涉；议员可以自由发言并享有豁免权，也就是说，未经议会的明确许可，议员不能受到刑事追责；未经议会许可，国王在和平时期不得拥有常备军；由独立的法院保障法律的公正实施；未经法律判决任何人不得被处决或被拘捕。

这些基本权利于 1689 年被明确写入法案，是具有革命性意义的，至此，英国完成了它的“光荣革命”。

当欧洲其他专制君主仍然以法国为榜样实施统治时，英国议会经过斗争取得了政治领导地位，这也意味着英国已经向现代国家宪法政体迈出了一大步。1734 年，法国哲学家伏尔泰在他的《英国通信》一书中写道：“英国宪法已臻完美，因此，每个人都享有自然赋予的权利，而这些权利在几乎所有君主制国家里都被剥夺了。”

24. 强行进入现代：沙皇俄国

在 16 至 17 世纪里，欧洲以及世界上的大部分国家都在忙着各自的事务或忙于争权夺势，它们几乎完全没有发觉，一个新的强权国家正在走进历史，这个国家就是俄国。

自从 1453 年君士坦丁堡被穆斯林占领之后，俄国的神职人员就把自己视作唯一“正统的”基督徒。他们宣称，莫斯科是“第三罗马”，是真正的基督教中心，他们把自己与西方隔绝开来。莫斯科大公认为自己就是拜占庭皇帝的继承人。1547 年，伊凡四世，又称“伊凡雷帝”，加冕为皇帝，成为第一位俄国沙皇。他用

铁腕统治着这个帝国，解除了封建贵族，即“大地主”的权力，没收他们的土地。一个直接听从他指挥的警察机构实施恐怖活动，许多大地主，以及和大地主一起图谋反对沙皇的人被处决了。伊凡四世利用恐怖手段建立了一个专制政府体系，并把帝国看作自己的私人财产。

和拜占庭时期一样，俄国的教会和国家也是紧密联系在一起的。教会需要保护者，作为回报，它为保护者提供其政权的合法性。一位教会领袖给伊凡四世写信：“你要知道，虔诚的沙皇，正统基督教信仰的所有国家都已过渡到你唯一的帝国里了。你自己就是世界上所有基督徒的沙皇。两个罗马均已衰亡，但是第三罗马仍然屹立不倒，第四罗马也不会再有。”有上帝和教会的帮助，沙皇将去征服那些异教徒的国家，让他们皈依正统。俄国教会承认沙皇至高无上的地位，“沙皇的天性与众人类似，而沙皇的威力则堪比至高的

下图（对开） **圣彼得堡，以沙皇彼得一世的名字命名。**

上帝”。

教会不仅积极支持沙皇发动的众多战争，而且与沙皇一起携手压迫农民，世俗和宗教大地主都希望农民依附于自己。农民的自由逐步受到了限制，最终于1649年变成了大地主的农奴。如此一来，他们几乎失去了一切权利，只能任人宰割，勉强维持生计。即使后来的沙皇彼得一世（1682—1725年在位）在这个落后国家推行改革，这种情况也并未好转。彼得一世力图让俄国向西方开放，并向西方学习。为此，他于1697年至1698年做了一次非同寻常的旅行，这对一个统治者来说是极为罕见的：他隐姓埋名，偕同250名随从周游西欧列国。他想亲自了解不同国家的制度以及它们的经济和社会体系。只有在各国宫廷里他才暴露自己的真实身份。汉诺威选帝侯索菲娅与他见面后这样写道：“尽管他的天性中有许多优点，不过他身上的农民习气还是多了些。”

确实，宫廷生活对彼得一世没有多大吸引力，他对技术和经济更感兴趣，他去听机械原理的讲座，为了理论联系实际，还去参观老师的工作间。据说，他甚至还化名彼得·米哈伊洛夫去了荷兰和英国的造船厂，在那里做了10个月的木工学徒，目的是学习如何造出更好的船。他的整个非同寻常的人生给许多诗人和音乐家提供了创作灵感，比如阿尔伯特·洛尔钦就写过一部歌剧《沙皇与木匠》。

沙皇带着新学习的知识和招募的1000多名各行各业的专家，返回了俄国。不久之后，俄国男人就不得不剃掉他们的长胡子，脱下本地的传统服装，为的是更像真正的欧洲人。之后，沙皇计划建造一座新的欧洲式样的首都，并且将建造地造在了濒临波罗的海的地方。尽管那里是一片沼泽地，经常发生洪水，完全不适合建造首都，但是沙皇还是集合了大量的农民、工人和手工艺人。由于当地生存条件恶劣，加上饥饿和瘟疫，施工人员不断减少。修建建筑物之前，施工人员必须把沼泽地弄干，才能往地里打木桩。据保守估计，整个建筑工程夺去了大约12万条生命。对沙皇来说，新首都圣彼得堡是俄国“通往西方的门户”。据说，他把这里称作“我的天堂”。

上图 沙皇彼得大帝下令，所有俄国男人必须剃掉胡须，不从者须缴纳高额罚款。

为了提升俄国在世界上的地位，沙皇以西方的模式建起一支常备军。为此，每年有 3 万至 4 万名年轻人被迫服役，他们必须接受严格的军事训练。俄国扩建了舰队，并将其打造成波罗的海海域最强大的一支舰队。和军队一样，沙皇彼得还对国家的行政机构实施了改革。帝国被划分为 8 个行政区，各行政区首长对帝国政府负责，帝国政府对沙皇负责。为了使所有统治阶层都能行之有效地运作，职务贵族取代了世袭贵族。在这个新的官阶等级秩序中，起决定作用的不再是出身，而是某个人在自己所处等级上所取得的成就。

工人和农民并不能从这些改革中获益，他们的负担反而更重了。“上层阶级不再遵守俄罗斯习俗，同时他们也脱离了俄国人民；他们开始按照外国方式生活、着装和说话……这样一来，沙皇与俄国人民之间就产生了裂痕，古老的纽带松弛了。俄国君主成为独裁者，自由的人民无异于失去自由的奴隶。”一位俄国历史学家如此评价当时的状况。不过，对于这样的评价，彼得大帝毫不在意。为了让俄国实现现代化的目标，他意志坚定并冷酷无情。当皇太子阿列克谢参与一个复古俄国运动，试图借此阻止父亲的西方化路线时，沙皇让人杀死了自己的儿子。

彼得大帝于 1725 年去世，虽然大部分俄国人对他心怀憎恨，但是从那时起，俄国已经成为欧洲政治舞台上一个举足轻重的角色。

25. 从哈布斯堡王朝到霍亨索伦家族

哈布斯堡伯爵的祖传宅邸位于瑞士的阿尔高，经过数百年的勤奋经营，这个家族成为欧洲最有势力的家族之一。1273年，当时的帝国正处于困难时期，没有一个大诸侯愿意在此时接过皇冠，鲁道夫·冯·哈布斯堡站了出来，成为德意志帝国的"应急皇帝"，这个家族的崛起便是从此时开始的。鲁道夫上任之前给人的印象是软弱无能，但上任后不久便令人刮目相看，他不仅是个智慧的政治家，还是个聪明的一家之长。他利用令人难以置信的精明手段，极有技巧地让自己的九个孩子结婚成了家，并把越来越多的家族成员安置到帝国的重要位置上。此举为其家族在历史上取得非同寻常的成功奠定了坚实的基础。到查理五世（1519—1556）时，哈布斯堡王朝的版图东起匈牙利，西至西班牙，并跨洋过海延伸至美洲的西班牙殖民地。此时的皇帝甚至可以说自己拥有一个"日不落帝国"。但是，没有一个统治者能够长久控制一个多民族的国家，尤其是帝国内的众多诸侯都为了自己的利益各自为政，这就使得统治更加困难。只有当奥斯曼帝国不断扩张并于1683年兵临维也纳城下时，各路诸侯才纷纷前来援救皇帝，因为此事关系到西方世界的生死存亡。哈布斯堡家族坐拥神圣罗马帝国皇位直至1806年，但实际上它真正统治的范围仅限于奥地利、匈牙利和波西米亚。

17世纪，另一个古老的诸侯家族在哈布斯堡家族的阴影下崭露头角，尽管当时的条件对这个家族并不利。这里所说的就是霍亨索伦家族，其领地位于勃兰登堡—普鲁士，这个地区当时还处于四分五裂的状态，经济也不景气。不过，在大选帝侯弗里德里希·威廉主政48年间，情况发生了改变。他以法国为榜样，对行政、经济和军队采取现代化的改革措施，从而为勃兰登堡—普鲁士的崛起创造了条件。但是，他的儿子腓特烈不想只做选帝侯，而是想做国王。经过多年努力和收买，他终于获得许多诸侯的支持以及皇帝的首肯。1701 年，腓特烈在柯尼斯堡自封为“普鲁士的国王”。这一举动在维也纳哈布斯堡王朝的皇宫里引起了一片嘲笑声，因为没有人把这位普鲁士国王当回事。哈布斯堡皇室的反应在腓特烈一世的意料之中，因为他明白，在那些人的眼里，他只是一个在政治上无足轻重的文艺青年。腓特烈一世的儿子弗里德里希·威廉一世则是与父亲完全不同的类型。他继位不久后就被称作“武士国王”。在这个虔诚的书呆子眼里，一支强大的军队和勤俭节约的财政是保障国家长治久安的前提条件。于是他开始招募年轻男子入伍，而且常常是采取强迫手段，士兵的数量很快就翻了一倍，达到 8 万人。他

右图 武士国王特别关心自己的“巨人卫队”，其成员身高均超过两米，被戏称为“高个汉子”。

的军队纪律严明，绝对服从是士兵的首要职责。不久，“普鲁士式训练”就变得臭名昭著了。

责任感、服从、纪律、秩序和勤奋，这些品质在“武士国王”眼里都是最高价值。他认为，这些品质在军队里也能实现，甚至希望把整个国家变成一种军营，“普鲁士品质”开始成为一个固定概念。虽然后来“普鲁士品质”变得声名狼藉，不过若没有它，一个落后的小国在这么短的时间内发展成欧洲强国几乎是不可能的事。

弗里德里希·威廉一世临近生命终点时回顾了自己的一生。他看到，当时普鲁士军队的实力已经位居欧洲第三，国无外债，还有1000万塔勒[①]的军费储备。

“武士国王”始终希望，他的长子弗里德里希也能和他一样，但是他的这个愿望并未实现。至于为什么会这样，读完第26章所讲的有关那个时代的精神潮流和发展就会明白了。

26. 理性时代

17世纪后期和18世纪的欧洲被称作“理性时代”。这表明，人们的思想日益从迷信和盲目的信仰中解放了出来。文艺复兴和人文主义运动所开启的启蒙思想在此时又得到了进一步的加强和发展。新的思潮首先来自英国和法国。所有之前被认为正确的关于宗教、国家、社会和经济的观点均被质疑，并接

① 塔勒，也译为“泰勒”。它的起源和发展可追溯到15世纪中叶，是一种曾在几乎整个欧洲使用了400多年的银币名称及货币单位。——编者注

受理性的严格检验。就如同科学实验，凡是经不起合乎理智的、“理性的”检验的东西均应被抛弃。“只有能够被人的理性所认识的东西才是真的。”法国哲学家勒内·笛卡尔于1637年在他的《方法论》一书中这样写道。

人不应该再受陈旧的权威观念的约束，而应该独立地和理性地，即“启蒙地”行事。关于什么是启蒙，德国哲学家伊曼努尔·康德有一个概括性的著名定义：

启蒙就是人从他咎由自取的未成年状态中走出来。所谓未成年状态就是，没有他人引导，人就没有能力运用自己的理智。之所以说这种未成年状态是咎由自取，是因为，造成这种未成年状态的原因不在于缺乏理智，而在于没有他人引导，人就缺乏决心和勇气运用自己的理智。

Sapere aude（敢于思考）！你要有勇气，运用自己的理智！这就是启蒙的座右铭。

启蒙者主张，人生而平等，每个人都享有自己的权利和尊严，这

上图 伊曼努尔·康德（1724—1804）。

是任何人都不能剥夺的，哪怕这个人是皇帝。英国哲学家约翰·洛克于1689年写道：“如果我们观察一下，人处于何种自然状态，我们就会发现，这是一种完全自然的状态。”

大约70年之后，日内瓦人让·雅克·卢梭在他的《社会契约论》一书中写道：“人生而自由，但他又无处不在枷锁之中。”而这个枷锁正是卢梭、洛克、康德、孟德斯鸠、伏尔泰和其他启蒙者想要砸碎的。生而自由的人也应该自由地团结起来，维护自己的天然权利。他们应该与统

治者签订契约，契约中要明确规定被统治者和统治者各自的权利和义务。为了避免国家里有人权力过大，就必须分割权力：一个人制定法律，另一个人执行法律，还有一个人负责监督这一切是否在正常运转。

根据这一思想，统治者的权力不是来自上帝，而是来自人民。统治者的使命是尊重人民的尊严，保护人民的自由，促进人民的福祉和幸福。倘若统治者未能遵守与人民签订的契约，或者滥用人民对他的信任，那么人民就可以废黜他。这种新的革命性思想当然与欧洲占统治地位的专制主义相冲突，遭到了大多数王公贵族的抵制。只有奥地利的约瑟夫二世、俄国沙皇叶卡捷琳娜一世和普鲁士王储弗里德里希接受了启蒙思想。

27. 普鲁士王位上的哲学家

弗里德里希二世[①]（1712—1786）经历了非同寻常的童年和少年时代。武士国王想把王子培养成和自己一样的人，他曾说："弗里茨[②]长大后要像我一样！"小弗里茨5岁那年，父亲就给他穿上军装，带他去骑马、打猎、参加阅兵和演习。这让小王子对军队和"普鲁士品质"都极为反感。与之不同的是，聪敏的弗里德里希热爱宫廷生活和艺术，喜欢阅读法国文学，勤于思考哲学问题，写诗并偷偷吹奏长笛。在他父亲眼里，这些爱好都是愚蠢的，并试图用棍棒打消他的这些念头。弗里德里

① 又译腓特烈二世。——译注
② 弗里德里希的昵称。——译注

希 18 岁时，想逃离父亲的暴政，于是他和一位朋友计划逃离这个国家，然而当他们逃到边境上时又被抓了回来。国王下令把他们送上军事法庭并判处死刑。行刑前，王子被赦免，但他必须亲眼看着那位朋友被砍头。之后，他被关进牢狱，直到他父亲认为关押时间足够久了才被释放。

这些经历和遭遇深深地改变了青年弗里德里希。不久之后，他顺从了父亲的意愿，完成了行政、经济和军事学习。后来，他甚至遵从父愿和自己并不爱的公主结了婚。婚后，他们住在勃兰登堡的莱茵堡宫里。在那里，弗里德里希终于可以静静地潜心于自己喜欢的音乐、文学和哲学研究。他开始与伏尔泰通信，并写了一部书。在书中，他构想出一个富有责任心并热爱和平的统治者形象，统治者的行为以启蒙思想为指导。弗里德里希认为，人民的福祉应该高于一切，一国之君应是“国家的第一公仆”。

1740 年，弗里德里希继承了王位，普鲁士现在终于有了一位哲学家做国王，许多人希望，他会以和平方式统治这个国家。短期内看上去确实如此。登基后不久，弗里德里希就取消了刑讯，也取消了国王干预司法程序的权力。他规定，所有人，不管来自哪个阶层，在法庭上都享有同等权利。然后宣告，人人享有信仰和宗教自由。“在朕的国家里，每个人都能按照自己的生活方式过幸福生活。”这是他的名言之一。

就当时的社会来说，弗里德里希确实是一位宽容的君主。在他治下，除了普鲁士传统的臣民精神，新思想也有了发展的空间。剧作家哥特霍尔德·埃夫拉伊姆·莱辛在他的作品里，尤其是《智者纳丹》中，塑造了富有理智、宽容和人道主义思想的人物形象。在普鲁士，没有人反对他的这些观念，至少国王不会。

弗里德里希不仅是一位哲学家，还是普鲁士地位最高的战士。作为一名战士，他出人意料地利用一切可以利用的机会，从哈布斯堡家族那里获取土地以扩大自己的版图。这个机会不请自来，哈布斯堡王朝的皇帝查理四世驾崩后，神圣罗马帝国发生了内乱。人们对于皇帝的女儿玛丽亚·特蕾莎是继承帝国皇位还是只能做奥地利的女王这一问题产生了纷争。弗里德里希趁机出兵奥地利所属的西里西亚，西里西亚战争爆发了。奥地利接连两次战败，玛丽亚·特蕾莎不得不与俄国和法国组成联军。在随后的“七年战争”（1756—1763）里，普鲁士本来取胜无望，不过在对抗强大的联军时，弗里德里希展现出了杰出的统帅才能。在整场战争中，他的普鲁士军队纪律严明并且战斗力很强。尽管如此，这些优势也不足以使普鲁士取胜，在即将输掉战争时，弗里德里希奇迹般地获得了意外之喜：俄国沙皇伊丽莎白一世出人意料地驾崩了。与伊丽莎白一世不同，继承皇位的彼得三世对弗里德里希钦佩之至，于是他在战场上突然掉转了枪口。一年之后，交战双方签订了《胡贝尔图斯堡和约》，战争宣告结束。从此，弗里德里希就被称作腓特烈大帝，普鲁士作为欧洲强国的地位因他而得以巩固。

上图　科林战争后的腓特烈大帝。作者朱利叶斯·舒德（Julius Schraders）。

28. 到美洲去!

17 至 18 世纪，成千上万的欧洲人移居美洲大陆，这些人希望在新世界过上更好的生活。有人是出于经济原因踏上这个漫长的险途；有人是因为怀有不同的政见；还有许多人背井离乡是因为信仰不同受到迫害或被歧视，比如英国的清教徒“移民先驱”，他们早在 1620 年就漂洋过海登陆北美东海岸。这些移民建起村庄，为了种植作物，他们砍伐森林，开垦土地，企图在那里建立农业庄园。但是，并非所有原住民对他们的所作所为都袖手旁观。原住民和移民之间常常发生激烈的冲突，因为这些欧洲移民并不尊重印第安人的权利。只有少数的移民会尝试与印第安人沟通并与其和平共处。欧洲移民们有个共同特点，他们在政治上都与自己的祖国保持着联系。

北方殖民地——这是欧洲人对这些新移民定居地的称呼，移民们主要从事农业、手工业、捕鱼业和造船业。他们的宗教、政治、经济和文化生活都带有明显的清教印记。在一片荒芜的土地上建起移民区和村庄，加尔文的教义在这里有其特别的优势：勤俭节约的作风带来了经济的快速繁荣。村庄很快就发展为城市，美国第一所大学哈佛大学于 1636 年

右图　英国移民与美洲原住民签署协议，为他们企图占有的一块土地付款。但是这些移民更多时候表现出的是一副占领者的姿态。

在马萨诸塞州剑桥市建立了。

南方的发展和北方不同。南方的移民大面积地种植了水稻、烟草、甘蔗，还有棉花。虽然很多人在这些种植园里找到了工作，但是他们收入微薄。如果劳动力缺少，庄园主就会派人去非洲找奴隶，这些奴隶被迫来到这里后，就和他们的子子孙孙终生被困缚在了庄园里，忍受着他人的奴役。在这样的背景下，南方很快就出现了比北方更大的贫富差距。南方的文化发展和精神生活也与北方不同，并且落后于北方。南北方的这种差距从一开始就为南北战争埋下了冲突的隐患。

在这之前，先是发生了英法殖民战争，英国和法国争夺新世界的霸权。在这场殖民战争中，英国成为大赢家。1763 年，双方签订了《巴黎和约》，东海岸所有殖民地以及北美大部分地区均归英国所有。战后不久，英国政府决定加强对殖民地的控制并限制其自由。由于战争耗资巨大，所以英政府要求殖民地为减轻国债做出贡献。为此，英国议会通过了新的关税法案，这引发了殖民地的强烈抗议。殖民地人民断然拒绝英国议会在遥远的伦敦通过的法案，认为他们没有权力在殖民地征税。“No taxation without representation！”意思是他们在议会中没有代表，就不纳税！这是他们的口号。他们拒绝纳税并抵制英货。

随后，英国议会撤销了一部分法案，尽管如此，形势仍然日益严峻，最后只有茶叶关税被保留下来。不过，这更多的是出于原则上的考虑，而非经济上的原因：英国议会想借此宣告，议会有权在美洲殖民地颁布法案，征收关税。1773 年 12 月，三艘英国商船在波士顿港口停靠，准备卸下船上的茶叶时，“自由之子”进行了公开反抗。12 月 16 日，波士顿市民装扮成印第安人，冲进船舱并将茶叶箱扔进水里。这次行动被称为“波士顿倾茶事件”（Boston Tea Party），并被载入史册，由此美国独立战争爆发。

1774 年 9 月，殖民地代表在费城召开“第一次大陆会议”。这时，殖民地的大部分代表还准备承认英国乔治三世是他们的国王。但是，当国王毫无区别地宣布所有殖民者皆为叛乱分子时，气氛骤变。许多原来忠于国王陛下的臣属也开始投奔起义者。1775年5月，“第二次大陆会议”召开。人们组建了一个临时政府，委任乔治·华盛顿（1732—1799）为“大陆军”总司令。在战争期间，13个殖民地宣布独立。1776年7月4日，他们隆重地签署了《独立宣言》。在这份具有世界历史意义的文献里，蕴含着许多启蒙运动的重要思想和要求，特别是英国人约翰·洛克的思想。与此同时，宣言的主要起草人托马斯·杰斐逊（1743—1826）还在文件中表达出了“美国信念”：

我们认为，这些真理是不言而喻的：人人生而平等，他们都被造物主赋予了某些不可转让的权利，其中包括生命权、自由权和追求幸福的权利。

为了保障这些权利，所以才在人们中间成立政府，而政府的正当权力，系得自被统治者的同意。假如任何形式的政府的行为被证明有损于这些目标的实现，那么，人民就有权

下图　约翰·特朗布尔所作的这幅著名绘画展现了托马斯·杰斐逊向13个殖民地代表递交《独立宣言》草案的场景。

利来改变它或废除它，以建立新的政府；其赖以奠基的原则，其组织权力的方式，务使人民认为唯有这样才最可能获得他们的安全和幸福……

……

当今大不列颠国王的历史，是一再损人利己和强取豪夺的历史，所有这些暴行的直接目的，就是想在这些州建立一种绝对的暴政……

因此，我们，集合在大陆会议下的美利坚联盟代表，为我们各项正当意图，吁请全世界最崇高的正义，以各殖民地善良人民的名义，并经他们授权，我们极为庄严地宣布：这些联合一致的殖民地从此成为，而且是名正言顺地成为自由和独立的国家，它们解除效忠英国王室的一切义务，它们和大不列颠国家之间的一切政治关系从此全部断绝……

上图 1781 年，美法联军对约克郡的围攻。奥古斯特·库德（Auguste Couder）绘。

对许多美国人来说，《独立宣言》不仅表达了他们想要摆脱英国统治的意愿，他们同时把自己看成是反抗全世界独裁统治的急先锋。“我们为人类的尊严和幸福而战。是天意召唤我们承担起这一光荣的职责，这是美国的荣耀。”本杰明·富兰克林（1706—1790）这样写道。这种“使命感”至今仍然铭刻在美国人的自我意识里。

作为对《独立宣言》的回应，英国不断向美洲增派兵力。尽管在兵力上占优势，但英国还是不能给美军以决定性的打击。美军的意志和士气，以及乔治·华盛顿英明的战略战术弥补了兵力上的劣势。当法国参与进来，开始用士兵、武器和资金支持殖民者一方时，英国投降了。1783 年，双方签署《巴黎和约》，英国承认“美利坚合众国”独立。

这个过去的殖民地目前面临的一项任务就是，建立一个能够运转起来的国家。在制宪会议上，对新国家应该建成“邦联制”还是“联邦制”的问题，进行了激烈的辩论。最初，大多数主张实行邦联制，人们设想，由多个相对独立的国家组成一个松散的联合体。但是，德高望重的乔治·华盛顿预言道：“假如个别州不同意给国会足够的权力用以监督联邦政府，那么这就意味着我们民族的解体。”最终，代表们一致同意，建立一个联邦国家，设立一个中央政府和两院组成的议会：由人民选举产生的众议院和各州选派两名代表参加的参议院。与这种立法机构并列执政的是一个独立于议会的以总统为首的行政机构。而最高司法机构是联邦最高法院，它负责监督宪法和法律的执行。美国的“开国领袖”首次以这种方式贯彻实施了法国人孟德斯鸠提出的三权分立原则。任何人或机构均不得单独决策，所有人都要被迫合作。

美国宪法于1789年生效。只在必要时才会通过修正案的方式做补充，但是其核心内容并无改变，这部宪法至今有效。历史上第一个相对自由民主的统治制度就这样建立了，它成为许多国家效仿的榜样。

29. 自由，平等，博爱

美国革命的成功在“旧世界”引起巨大震动，很多人都感到激动不已，尤其是那些启蒙主义者，因为这次革命证明了，他们的观念不是哲学上的思想游戏，而是能够真正成为一个国家建立的基础。

18世纪末，欧洲的几个国家相继发生了骚乱，市民和农民联合起来反对当权者。最激烈的抗议活动发生在法国。法国的贵族、教会显要、教士以及富裕市民阶层与普通民众之间存在巨大的鸿沟。不合理的税收制度是造成鸿沟的主要原因，富人可以最大限度地享受免税政策，而那些穷人的税收负担却越来越重。由于军费开支巨大，一些费用还要用来维持王宫里的奢华开销，国家面临严重的财政危机。路易十六因急需用钱，所以想像往常一样提高税收。为了避免引发暴乱，他于1789年召开了“三级会议”。

这种由各个等级都参加的阶层会议，自1614年以来就再没有举行过，这次召开的目的就是要代表们同意提高税收。与会者第一等级由教士组成，第二等级由贵族组成，他们各派300位代表参会。第三等级由市民和农民组成，代表着98%的法国民众，与国王进行了长久的谈判，他们才被允许派600位代表参会。第一次会议上，关于是按照等级还是按照人数表决的问题三方发生了激烈的讨论。第三等级以及一些较低层的神职人员和贵族主张按照人数表决。国王对此表示反对，并下令各等级分别开会并各自表决。这一命令，又遭到第三等级代表们的坚决反对。他们援引修道院长埃贝·西耶斯写的《什么是第三等级》里的话：

上图 这幅漫画清楚地表明，第三等级始终身负重担，而第一等级和第二等级却能高高在上，作威作福。

（1）什么是第三等级？

一切都是。

（2）迄今为止，第三等级在国家秩序里是什么？

什么也不是。

（3）第三等级要求什么？

要求在国家生活中取得一点社会地位。

他们的诉求是认真的。1789 年 6 月 17 日，第三等级宣布召开“国民议会”，贵族代表以及许多较低层教士代表也同意参加。国王派军在凡尔赛的会议大厅前列队集结。6 月 20 日，代表们在室内网球场集会并宣誓，如果不制定出一部宪法，就绝不离开会场。路易十六又做了最后的一次努力，他亲自来到代表中间，宣布他们的行为是非法的，并重新下令按等级分别开会。“集会的国民不会接受任何命令！”国民议会主席让·贝利回答道。他的这句话表达了法国人民拒绝专制主义和要求人民享有主权的鲜明立场。这也标志着革命的开始。路易十六太软弱了，他无力控制混乱的局面。“如果他们不想走，那就别走了。”据说他几乎是哭着说这番话的。

但是，侯爵和上层教士对此持不同立场，他们逼迫国王解散代表大会。国王不得不下令在巴黎周围集结队伍。当这个消息四处传开后，人们愤怒了。他们感到自己被国王的士兵围困了。在公共广场上，有人慷慨激昂地发表演说，并号召人们拿起武器，保卫巴黎。1789 年 7 月 14 日，群众纷纷走上街头，四处寻找武器。人群涌向臭名昭著的国家监狱巴士底狱。据说，在这个 30 米高的监狱围墙内，囚犯常常被拷打致死。在人民眼里，巴士底狱就是专制统治的象征，人民痛恨这种暴政。现在，巴士底狱被人民攻占了，约有 100 位起义者在战斗中丧生。囚犯被释放出来，监狱长和他的手下被击毙。随后，愤怒的人群高举插着人头的长矛在城中游行示威。

其实攻占巴士底狱是一个错误，因为这一行动只解救了 7 名普通刑事犯，并且几乎没有获得有用的武器。不过，从心理和政治角度来说，攻占巴士底狱产生了巨大的影响：人们成功地攻克了专制统治的象征。这增强了人民的自信心，是向人民行使主权的新秩序迈出的重要一步。因此，7 月 14 日直到今天仍然是法国国庆日。

革命的火种迅速在民众之间传播。农民开始起来反抗压迫者，他们抢劫、破坏宫殿和修道院，焚毁记

上图 1789 年 7 月 14 日晚，国王在日记里写道：“今日无事可记。”他并没有意识到巴士底狱被攻陷究竟意味着什么。对法国人来说，这一天直至今日为止，仍是法国最重要的革命事件。7 月 14 日这一天成为法国国庆日。

有他们应尽义务的契约和文件。制宪议会[①]立即对此做出反应，会议从 8 月 4 日夜开始，一直到 5 日才结束，经过长时间的激烈辩论，最后决定废除农奴制度，取消贵族和神职人员的一切特权。从今往后，在税收和法律面前，所有法国人一律平等。

三个星期之后，8 月 26 日，《人权和公民权宣言》（即《人权宣言》）发表：

（1）人生而自由，并永享同等权利。

（2）一切政府组织的目的就在于维护人的自然的和不可侵犯的权利。这些权利就是自由、财产、安全和反抗压迫。

（3）从本源上和本质上说，一切主权在民。

① 1789 年 7 月 9 日，国民议会改为制宪议会。——编者注

（4）自由就在于，只要不危害他人，一切皆允许。

（5）法律只追究危害社会的行为。凡是法律不禁止的，均不得被干涉；凡是法律不禁止的，均不得被强迫。

旧制度从此被废除。整个欧洲的思想界都向法国投去羡慕的目光。法国制宪议会制定了一部宪法，法国就此成为君主立宪制国家。这就是说，国王虽然仍然是国家元首和行政机关首脑，但是他所拥有的政治权力却有限，大部分政治权力归制宪议会所有，体现了人民主权的原则。独立的司法机构为权力分立提供了最终保障。

依照我们今天的观点，当时的选举权还没有实现真正的民主：那时的选举权还是以财产和收入来分配的，2500 万人里只有 400 万男性选民。尽管如此，1791 年通过的宪法使法国成为欧洲第一个民主且合法的民族国家，一直到 20 世纪，这部宪法仍然是所有公民宪法的典范。

路易十六不想在这种事态下继续做国王。他企图携家眷逃往奥地利。在离边境不远的地方，出逃的路易十六被认了出来，重新被押回巴黎严加看管起来。这次不专业的逃跑所带来的政治后果却是灾难性的：如果说在此以前还没有人想要废除君主制，那么现在就有人想要采取更为激进的行动了——将革命进行到底，建立一个共和国。欧洲的君主们非常不安地观察着这一局势的发展，因为他们担心，革命的理念会传播

右图　法国国王路易十六画像。安东尼－佛朗索瓦·卡勒特（Antoine-François Callet）创作于 1788 年。

开来波及自己的国家。他们声明和路易十六团结一致，并为他提供军事援助。自 1792 年起，他们以各种联盟的形式对抗革命的法兰西，威胁到，假如法国王室遇难，他们就会摧毁巴黎。眼看法兰西就要面临战败的屈辱，加之食物短缺和物价飞涨，巴黎城内出现了一阵新的骚乱。国王作为主要罪人被逮捕，数千名“革命的敌人”被处决。1792 年 9 月 21 日，召开了新的人民代表大会，即所谓的“国民公会”，第一次会议宣布成立法兰西共和国。路易十六被指控叛国罪，并于 1793 年 1 月 21 日被送上断头台。

在这样动荡的时代，如果旧制度被推翻，而新制度尚未建立起来，通常情况下会出现两种政治派别：一种是温和派，主张循序渐进改革，让新制度逐步从旧制度里成长起来，此之谓改良派；另一种是革命派，这一派则力求对旧的政治秩序实施迅速而彻底的改造。

国王被处死，法兰西宣布成立共和国，这就意味着主张改良的君主立宪派已经失败。不过，在共和派内部也出现了分歧，形成了温和派和激进派。这两个派别分别自称为“吉伦特派”和“雅各宾派”。在革命的混乱中，经过许多暴力斗争后，雅各宾派最终取胜。其领袖人物之一律师罗伯斯庇尔（1758—1794）成为“福利委员会”主席，负责内政。他发表了冗长的演说，宣讲道德、善和正义，他要把法国建成一个富于美德的真正共和国。谁如果违背他关于美德公民的理想，谁就是革命的敌人，也是法国的敌人，必须被处死。罗伯斯庇尔的“美德国家”与现代“极权”专制国家有许多相似之处，在这样的国家里，人的所有生活领域都受到监视。据估计，在他的恐怖统治时期，法国有 3.5 万到 4 万人死在了断头台上。

罗伯斯庇尔的疯狂行为导致的结果是，只有他自己才是美德的化身。即使是他的朋友和同道，著名的丹东，也不再合他的意，最终被他送上了断头台。福利委员会的成员们意识到，任何人都性命难保，于是他们在国民公会上控告罗伯斯庇尔有罪。1794 年 7 月 28 日，他在众人的欢呼声中被斩首。

在接下来的几个月里，富裕的

市民阶层重新获得了政治影响力。人们制定了一部符合最初革命理想的宪法。“五人执政内阁”接管了政府事务，但是他们没能为法国带来和平与安宁，暴乱此起彼伏，法国还要不断地忙于应对革命敌对势力奥地利、普鲁士、英国和尼德兰的挑战。在战争过程中，一位战绩卓著的年轻将军成为家喻户晓的人物，他就是拿破仑·波拿巴（1769—1821）。这时，法国民众的物资供应越来越困难，国内局势日益恶化。1799年11月9日，拿破仑趁机推翻了五人执政内阁，强行解散议会，以“第一执政”之名接管国家政权。不久之后，他宣布：“革命结束了。”

经过十年动荡又艰难的革命岁月，法国人民强烈渴望安定和秩序，这时多数人希望出现一个强有力的领袖人物。因此，作为“第一执政”的拿破仑可以像一个君王一般实施统治，尽管法国还是一个共和国。1802年，拿破仑甚至成为“终身执政”。即使如此，野心勃勃、平步青云的拿破仑仍然感到不满足——他想做皇帝。于是，他修改了宪法，并于1804年12月2日亲手给自己戴上了皇冠。至此，法国大革命就真正结束了。但是，法国大革命的口号“自由，平等，博爱”，以及它在欧洲首次表达出的人权和公民权理念，却持久地发挥着影响。

上图 **“整个法国在此安息”，这是1793年的一张讽刺漫画传单上的墓志铭。画中的罗伯斯庇尔作为最后的幸存者被刽子手送上了断头台。**

30. 拿破仑治下的欧洲

直到今天，拿破仑仍然主要被看作天才统帅，他利用军队让法国成为空前绝后的强国。他踏上了征服欧洲的征程，在其执政生涯的盛期，法国几乎占领了整个欧洲。他似乎所向无敌。1806 年，他让普鲁士军队遭到了毁灭性的打击，终结了德意志民族的神圣罗马帝国的千年历史。关于这位法兰西皇帝，普鲁士王后露易丝写道："他对事对人都缺乏真诚。他和他的野心只为自己和他的个人利益着想。人们对他的钦佩多于对他的爱。他被自己的幸运冲昏了头脑，以为自己无所不能。他不懂得节制，一个不知道节制的人就会失去平衡，就会摔倒。"

普鲁士王后一语成谶，因为和所有不知节制的征服者一样，拿破仑也遭遇了他的"滑铁卢"①——这个词直到今天还能让人们回想起他的惨败经历。他的失败是从 1812 年远征俄国开始的。为了这次远征，他集结了有史以来最强大的 60 万大军，整个世界都认为，法军能够速战速决。但是，战场上的一切都出乎意料。俄国军队避开所有正面交锋，不断地向后方撤退。1812 年 9 月，拿破仑的"大军"挺进莫斯科后却发现，这里几乎是一座空城。几天后，俄国士兵放火点燃了整座城市。拿破仑清楚，若没有足够的给养和住处，他的军队无法熬过俄国的冬天。他派人给沙皇送去了停战提议，但是没有得到回复。他别无选择，只能打道

---

① "滑铁卢"出自滑铁卢战役。1815 年，在比利时的滑铁卢，拿破仑率领法军与英国、普鲁士联军展开激战，法军惨败，被称为"滑铁卢之战"。滑铁卢战役最终决定了拿破仑及其帝国的命运。如今"滑铁卢"的引申义是形容在决定关头失败，比喻由鼎盛走向衰败的转折点。——译注

上图　拿破仑从未想到他的俄国远征会如此收场。画中展示的是拿破仑和他的残兵败将走在返乡的路上。

回府。拿破仑大军的这次大撤退是一场灾难。每天都有数千名士兵死于饥饿、精疲力竭以及沿途俄军的进攻。最后只剩下 5000 人返回了家乡。

被认为战无不胜的拿破仑终于也战败了，这鼓舞了敌人的士气，他们开始联合起来对抗他，普鲁士、奥地利、俄国、英国和瑞典向法国宣战。1813 年 10 月 16 日至 19 日，发生了著名的莱比锡“民族大会战”。拿破仑重新征集的军队无力对抗联军，并遭遇了第二次重创。1814 年年初，联军进入巴黎，拿破仑被迫退位，随后被流放到了厄尔巴岛。一年后，他成功返回巴黎，推翻了新立的国王，并接管了政权。他虽然重组了一支军队，但在 1815 年 6 月的滑铁卢战役中还是被普英联军打败了。1821 年 5 月 5 日，拿破仑作为英国的囚犯在大西洋上的一个小岛圣赫勒拿岛[①]上死去。

① 圣赫勒拿岛是位于南大西洋上的一个火山岛，是英国在海外的殖民地。因其孤立无援的地理位置，英国曾把它当作一个流放地，拿破仑就是被流放到这里，直到他去世。——译注

拿破仑的统治只持续了10年，战败后，他一手建立的大帝国像纸牌屋一样颓然倒塌。拿破仑留给后世的不是他作为南征北战的统帅所取得的战绩，而是他作为一国之君所推行的改革。其中就包括1804年颁布的《民法典》（又称《拿破仑法典》）。法国大革命的许多要求在这部法典里得以实现：

对所有法国人实行统一的法律；法律面前人人平等；个人自由；废除等级制度；应聘公职不以出身而以成绩为录用标准；行业自由；择业自由；保障个人财产权；宗教自由；采用民事婚姻。

这部《民法典》成为欧洲乃至整个世界的民法典范。

拿破仑推行的行政改革也为他赢得了声誉。法国被划分成98个行政区，它们不是独立的，而要接受中央巴黎的指示。国家的教育也要受中央控制，全国施行统一的教学计划和课程体系，直到今天，整个法国的中学生还要参加全国统一的毕业考试。

上图 拿破仑，雅克－路易·大卫（Jacques-Louis-David）绘

拿破仑在德意志取得军事上的胜利后也推行了一系列改革。比如，教会辖区被世俗化，也就是说，其管理权交给了世俗诸侯，112个帝国主教区在政治版图上消失了。此外，350个帝国骑士领地和一些帝国城市也失去自由地位，要接受诸侯的管辖。帝国由数百个大大小小的领地组成的诸侯割据状况终于结束了，取而代之的是一个实力增强了的且更

具生存能力的中等国家。这次“政区重划”的大赢家是巴登、符腾堡和巴伐利亚，它们的版图明显扩大了。市民的共同生活也按照法国法律重新组织和规范。这意味着巨大的进步，尽管市民仍然被排除在政治决策之外，因为那时德意志还没有一个由人民选举产生的议会。

受法国思想的影响，改革对其他国家来说，也势在必行，即使是普鲁士和奥地利也未能幸免。“为了避免发生革命，我们必须改革。去帮助那些被上帝保护的人。”一位普鲁士官员如此描述当时的局势。冯·施泰因男爵和冯·哈登堡男爵负责起草改革方案，他们的改革方案主要以法国为蓝本。按照学者威廉·冯·洪堡的设想，德国的学校和高等教育制度也得以现代化。直至今日，德国的大学仍然深受洪堡精神的影响。改革的整体宗旨是，让普鲁士的臣民变成有独立思想的公民，让公民带着责任感参与国家事务，直到有一天成为一个甚至能够与国王平起平坐的人民代表。

在另一方面，拿破仑也是个伟大的改革家，尽管这并非他所愿：在这个被法国占领的、不独立的国家里，反抗一直没有停止过。当人们越来越清楚地认识到，拿破仑在德意志更感兴趣的是用于战争的金钱和士兵时，他们的反抗就更加强烈。最终，“反抗拿破仑”发展为德意志的一种民族运动。假如德意志的诗人和思想家早已把自己看作一个“文化民族”的一员，那么如今他们就想成为一个“国家民族”。哲学家约翰·戈特里布·费希特在他的《告德意志民族书》里号召自己的同胞，“塑造自己的个性”并重新做德意志人。“让我们不再做肉体上和精神上卑躬屈膝的奴隶，不再做俘虏。”维护德意志民族独特个性的愿望最终也导致了“解放战争”的爆发和法国的欧洲霸主地位的结束。德意志人日益增强的，往往是过于强烈的民族意识，其历史根源即在于此。

31. 工业革命

从“法国压迫者”手里解放出来以后，许多欧洲人开始期待一个更加美好的时代到来，希望每个人都能享有更多政治权利，而这正是王公贵族们企图阻止的。从1814年秋至1815年夏，他们在“维也纳会议”上聚集到一起，目的是重组欧洲秩序，而且想尽可能多地保留旧秩序。在奥地利外交大臣梅特涅的主持下，与会代表试图让欧洲重新恢复到1789年前的状况。如果他们真的相信“时光可以倒流”，那他们就大错特错了。欧洲陷入动荡不安之中，统治者利用警察国家的手段或许能够使社会重新恢复安定和秩序，但是人们的不满仍然存在。1848年，这片土地终于又爆发了革命。革命从法国开始，迅速向欧洲蔓延。各地的人们都在要求更多的政治话语权，数月后，甚至出现了当权者想要让步的征兆。但是，他们那么做只是为了赢得更多的时间积蓄力量，企图用更强大的武力保护既得利益。在巴黎、维也纳和柏林，起义遭到镇压。

当封建王公们正在竭力阻止或至少拖延政治变革之时，经济生活发生了翻天覆地的变化。18世纪后半期，从英国兴起的工业对人类生活的各个方面都产生了根本性的影响，甚至可以把它称作一场“工业革命”。这是自农耕文明和定居生活以来，人类生存条件的一次彻底变革。

处于世界航海和殖民霸主地位的英国变得越来越富有。这些积累的财富以及具有启蒙思想的资产阶级日益增强的自信，使得这个国家的科学文化发展也处于领先地位。自然科学的蓬勃发展对工业化具有决定性意义。艾萨克·牛顿（1643—1727）作为自然科学的精神之父，利用严格的数学原理描述自然现象，然后再通过观察和实验检验其正确性。利

上图　为了使昂贵的机器能尽快收回成本，工厂主们雇佣廉价劳动力，并让机器尽可能长时间地运转。因此，纺织厂的工人大部分是妇女和儿童，他们通常每天必须工作 10 小时以上。

用科学方法获取知识，加深了科学家们对大自然的理解，而且知识在技术上的应用也得以加强。

其中一个典型例子是，詹姆斯·瓦特设计了可供工业使用的高效率蒸汽机，它是一项具有划时代意义的发明。这种机器不仅降低了人的劳动强度，而且在某些方面可以完全替代人的劳动。采矿、冶炼、钢铁生产都因此发生了革命性的变化。从这项新技术中获益的还有纺织业。用蒸汽驱动的纺纱机和织布机被发明了出来，棉花加工变得更快、更容易，纺织品的产量大幅提高。更新、更大的工厂建立起来，不久，人们需要的机器数量大增，手工生产已经不能满足需求，而必须在工厂里批量制造才行。用于生产的钢铁需求量也越来越大，为此首先还要改善运输条件，以便于原料和产品能够尽快、尽可能便宜地运送到目的地。

蒸汽船和蒸汽机车便是工程师们为解决运输问题而发明的。1821[①]年，第一条铁路线在利物浦和曼彻斯特之间开通了，铁路轨道网的扩建进一步促进了工业的发展。批量生

① 1830 年，从英国利物浦至曼彻斯特铁路正式开通，这是世界上第一条定期运行的火车客运路线。文中表述的 1821 年疑为作者笔误。——编者注

产的时代由此开始，英国踏上了世界第一工业国之路。

虽然有了这些发明创造，但是工业化还需要更多的劳动力。大批劳动力来自农村，因为这些人仅靠农业生产已经无法养活自己了。许多小农不得不卖掉自己的农舍和土地，像奴隶和女仆一样迁入城市。农民“逃离农村”又使得城市人口迅速增长，1760 年至 1830 年间，曼彻斯特的居民人数从 1.7 万人增长到 18 万人，并因此成为早期典型的工业城市之一。随着工业化进程的加速，社会问题越发尖锐：从农村来到城市的人，以前是在一种“自然节奏”里生活劳作，如今他们必须适应一种由工厂和机器决定的“人工节奏”，而许多人却很难或根本无法适应这种节奏，这种情况造成的结果就是大量人失业，产生了许多社会问题。工人和他们的家人不得不居住在简陋的、缺乏基本卫生设施的集体宿舍里，这种环境也成为疾病和瘟疫的温床。工厂的烟囱没有任何防护措施，空气和水污染严重。法国学者阿历克西·德·托克维尔访问曼彻斯特后，写道：“文明创造了自己的奇迹，而文明化的人却几乎重新变成了野蛮人。”

苏格兰古典经济学家亚当·斯密（1723—1790）为新的经济形式提供了理论基础。他的主要著作《国富论》成为以逐利为导向型经济的“圣经”。斯密书中的主要观点是，人的劳动力是经济进步和社会财富的源泉。为了充分利用它，必须尽可能地把生产过程划分成小单位，使人成为专业人才。商品的价格和所应生产的数量取决于市场上的供应和需求。国家不应对这一过程加以干涉，否则的话，会干扰这种“经济力量的自由游戏”。如果所有的“游戏参与者”都能够自由发展，并追求尽可能多的利益，普遍的福祉必然也会得到提高。也就是说，斯密要在个人利益与公共福祉之间寻找一种和谐。但是社会中的弱势群体却不能从中获益。他的“经济自由主义”理论主要符合工厂主和商人的利益。

尽管工业化的负面影响很早就显现出来，但是英国仍然成为其他国家纷纷效仿的榜样。它们按照英国模式赶了上来。

32. 工业社会问题的解决之道

失业、低工资、女工和童工，工作时间过长、居住条件恶劣、社会联系丧失，疾病、工伤和养老缺少保障，对工厂主的完全依附……工业化在工人眼里就是这样一幅景象。

弗里德里希·恩格斯，一个德国工厂主的儿子，对工人的状况做了考察，并于1845年撰写了《英国工人阶级状况》一书。他得出的结论是，工业化制造了两个势不两立的阶级：由富裕市民构成的“有产阶级”，即“资产阶级”；由依赖工资为生的工人构成的“劳动阶级”，即“无产阶级”。这两个阶级之间将会，而且必然会发生斗争和战争。

用和平方式解决问题已经太迟了。阶级分化日益加剧，反抗精神已越来越深入工人心中，愤怒情绪正与日俱增，个别游击式的小冲突正在汇聚成大规模的战斗和示威，一个轻微的碰撞就足以引起雪崩。随后，战斗的号角便会响彻大地：“向宫廷宣战，给茅屋和平！”到那时，即使富人们回过神来，也为时已晚。

恩格斯在书的末尾写下这样的预言。但是，现实却是另一番景象，也只发生了“个别游击式的小冲突”。有时愤怒的工人会冲进工厂里砸毁机器，有时他们又会聚集到工厂主别墅的门前要求提高工资。这样的行动很容易被当权者镇压，而且常常是被血腥镇压。但是这种“社会问题”却无法使用暴力一劳永逸地加以解决，需要寻求其他解决之道。越来越多的人坚信，只有彻底改变现状，才能解决问题。

在巴黎、布鲁塞尔和伦敦，来自欧洲各国的流亡者成立了许多秘密的革命团体，其中就包括“正义者同盟”，弗里德里希·恩格斯和他

上图　卡尔·马克思肖像。

的朋友卡尔·马克思（1818—1883）都是这个组织的成员。1847 年，这个同盟改组为“共产主义者同盟”，该同盟委托这两个德国人起草一份政治纲领。1848 年 2 月，《共产党宣言》发表，它成为一份重要的历史文献。对有些人来说，它所宣告的是救世福音，而对另一些人来说，它就是魔鬼邪说；它的作者要么被当作“救世主”而受拥戴，要么被当作“害人精”而遭辱骂。

至今一切社会的历史都是阶级斗争的历史。自由民和奴隶、贵族和平民、领主和农奴、行会师傅和帮工，一句话，压迫者和被压迫者，始终处于相互对立的地位，进行不断的、有时隐蔽有时公开的斗争，而每一次斗争的结局都是整个社会受到革命改造或者斗争的各阶级同归于尽。

《共产党宣言》开篇如是说。马克思和恩格斯认为，在他们那个时代，资产阶级和无产阶级是相互对立的。资产阶级曾经发挥过重要的历史作用，在推翻封建主义统治的过程中功不可没。他们在“不到一百年的阶级统治”中创造了比以往所有年代加起来都要多的生产力。但是，在现代工业社会中，工人“不过只是机器的零件，只要求他掌握极简单、极单调、极易学会的操作技巧”。于是，人就退化为“物”，他不再需要完成有意义的、能够让他感到满足的工作，他开始自我异化。商品生产的目的不再是满足人的需要，而是为了追求利润最大化。所以，成本，即工资必须尽可能低；其逻辑结果便是“无产阶级的贫困化”。这种结果就导致购买力匮乏，以及“生产过剩的危机”。为了结束这场“瘟疫”，就必须剥夺资本家的财产，让生产资料变成公有财产。然后，人剥削人的现象就会终止，工人就能够生产用于满足大众需求的产品了。

这场无产阶级革命结束以后，无阶级的共产主义社会就会到来，在这样的社会中，每个人都是独立自主的，无须依靠他人，而是按照“各尽所能，按需分配”的原则生活。进而言之：

共产党人不屑于隐瞒自己的观点和意图。他们公开宣布：他们的目的只有用暴力推翻全部现存的社会制度才能达到。让统治阶级在共产主义革命面前发抖吧。无产者在这个革命中失去的只是锁链。他们获得的将是整个世界。全世界无产者，联合起来！

这个宣言发表之际，欧洲许多国家几乎同时爆发了革命。但是，这只是一个时间上的巧合而已，因为马克思和恩格斯的思想在那时还没有产生多大的影响。1848 年到 1849 年的革命还不是无产阶级社会主义性质的革命，而是资产阶级革命。不过在后来的一百年间，革命尽管没有一直按照马克思和恩格斯所期待的方式进行，创始人的许多“共产主义”预言也还未一一应验，但它对历史进程产生的影响却并未中断。

33. 美洲是美国人的美洲

19 世纪是一个变革的世纪，这场变革不仅限于欧洲。

美利坚合众国独立后，“拉丁美洲”——这是中南美洲的别称，也发生了独立运动。美国以南的地区，大部分是西班牙殖民地，只有巴西属于葡萄牙。那些从小在殖民地长大的白人移民的后裔被称作“克里奥尔人”。虽然他们开发了这片土地，但是他们却没有政治权力，仍然被西班牙和葡萄牙的官员统治着。克里奥尔人想改变这一局面，甚至不惜采取暴力手段。开始时是许多分散的抵抗团体对抗西班牙士兵，但是，富有远见的首领很快就意识到，这样的斗争不可能取胜。于是，他们将分散的抵抗团体联合起来，形成具有战斗力的军队。南方军在何塞·圣马丁的率领下，北方军在西蒙·玻利瓦尔的率领下，加上美国的援助，最终打败了西班牙。

1810 年至 1825 年间，所有拉丁美洲国家都从殖民统治中获得了解放。西蒙·玻利瓦尔试图以美国为榜样，建立一个统一的共和国。但是，大部分国家都想保持独立，走自己的道路。于是，就诞生了今天我们所熟知的阿根廷、玻利维亚（以西蒙·玻利瓦尔的名字命名）、巴西、智利、秘鲁以及其他拉美国家。在反对欧洲殖民主义这一点上，这些国家的立场是一致的，这也得到了美国的支持。1823 年，美国总统门罗警告欧洲人，不要干涉美洲国家的事务，任何干涉“均会被认为是对合众国的不友好表态”。这一“门罗主义”① 的明确意义就是，从此以后，“美洲是美国人的美洲”。这个近 200 年前的信条，至今仍是美国对外政策的重要原则。

然而，独立并没有给大多数人带来所期望的自由。印第安人、黑人以及各个种族的混血儿摆脱了葡萄牙人和西班牙人的统治，却又落入了克里奥尔人的统治中。拥有选举权的只是那些大地主、商人、官员和宗教贵族。新的法律只能让富人越来越富有，而穷人的负担却越来越重。当这一切都不堪忍受之时，穷人开始奋起反抗。这些起义和革命要么被军事镇压，要么以当权者被迫宣布实施改革而结束。即使进行了改革，

① “门罗主义”是由詹姆斯·门罗总统于 1823 年在对国会演说的国情咨文中提出的观点，其核心内容是：要求欧洲国家不在西半球殖民；要求欧洲不干预美洲独立国家的事务；保证美国不干涉欧洲事务，包括欧洲现有的在美洲的殖民地的事务。——译注

也只是短暂的现象，不久就又会恢复了以前的状况。拉丁美洲国家的局势从一开始就是不稳定的，这种状态一直延续到20世纪，或许这也是南美洲尽管自然资源丰富却仍然贫穷的一个原因。在这些国家里，获利的永远只是少数白人，当然还有美国。“白人”的美国也支持中南美洲大陆的“白人”统治。拉丁美洲成了美国的附庸，至今仍然如此。

那时，“美洲的第二次发现”已基本结束：白人拓荒者已经逐步开发了“蛮荒的西部”，一直延伸到太平洋沿岸。他们掠夺了原住民的土地和他们赖以生存的条件。许多印第安人被杀，或被驱逐到指定的居留地。后来，发生了多次战争，印第安人在战争中几乎被种族灭绝。到了1924年，那些幸存者才正式获得了公民权。

“蛮荒的西部”被白人占据后，一个新的问题出现了：新的联邦州内是否实行奴隶制。对南方各州那些富有的、有影响力的人来说，这是理所应当的事情。但是北方人对此却有不同的看法，北方的许多人拒绝奴隶制。1852年出版的哈里特·比彻·斯托的小说《汤姆叔叔的小屋》在奴隶制问题上发挥了很大作用。这部生动地描写奴隶生活的小说成了畅销书，至少它引起了许多北方人的思考，其中有些人成为奴隶制的反对者。

1854年，北方出现了一个新的政党，即“共和党”。这个党的纲领中的一个重要内容就是废除奴隶制度。

共和党候选人亚伯拉罕·林肯于1860年当选总统后，南方各州随即退出了和北方的联盟，并成立了“美利坚联盟国”。林肯拒绝承认新联盟的合法性。双方的冲突日益加剧，最终于1861年4月12日爆发了“南北战争”，这是美国历史上规模最大的内战。战争初期，南方州的志愿兵取得了重大胜利。但是，四年后，南方州在多次战役中损失惨重，南方州不得不向兵力、经济和技术上占优势的北方州投降。

林肯总统在战后的一次重要讲话中说：“我们战斗不仅是为了结束奴隶制，我们战斗也不仅是为了维护联盟……我们战斗是为了属于人民的政府，是为了人民执政的政府和为人民效力的政府不在地球上消失。”但是，林肯本人却为胜利而付出了自己的生命。1865 年 4 月 14 日，南方投降五天后，他被南方州的一个极端分子暗杀了。在这场惨烈的战争中，约有 60 万人丧生。南方的大片土地荒芜，战争所造成的影响持续至今，美国南方一直比北方贫穷。

奴隶制在美国内战后被废除了。但是，这并不意味着，美国的黑人从此获得了平等的公民权利。在之后的时间里，这一理想不管是在法律上还是在社会上均未成为现实。不过，重新统一后的美国很快就发展成了一个世界上最富强的国家。

34. 你的殖民地，我的殖民地

欧洲殖民强国，尤其是英国，在美洲损失惨重。之后欧洲列强开始调整方向，重新加强对远东地区的殖民统治。

英国把欧洲的竞争对手逐渐从印度排挤了出去，又在 1756—1763 年的一场持续了 7 年的战争中，击败了最后一个对手法国。尽管如此，在名义上印度仍然不是大英帝国的一部分，而是受“东印度公司”管辖。此时的“东印度公司”只是一个私人贸易公司，不过后来它逐渐演变为一种准政府。直到 19 世纪中期，印度虽然在形式上还是封建王公在统治，但实际上，整个印度次大陆都在英国人的控制之下。英国人的目的是使这个国家现代化，也就是“西方化”。在这一过程中，他们很少考虑印度人的生活方式和文化，这就导致了 1857 年发生的印度士兵反抗英国军官的哗变。这次哗变迅速传播开来，最终演变为反抗英国统治的起义。但是，英国人利用忠诚于他们的印度军队成功地镇压了这次起义。

此后，英国人正式接管了印度政权，维多利亚女王被任命为“印度女皇”。但是，在政治上印度几乎没有发生什么变化，和其他所有殖民地一样，印度主要是被当作原料市场和销售市场。建设有效率的工业和改善当地居民生活条件并非英国关心的事情。

印度生产的一个重要产品就是鸦片。英国商人想利用这种毒品解决一直以来与中国通商困难的问题：欧洲人渴望得到中国的商品，但是中国对欧洲商品却没有需求。为了不付钱而获取茶叶、瓷器和丝绸，英国人用鸦片进行交易。这种罪恶的交易居然奏效了，鸦片的消费在中国有了飞速增长，数百万人染上了毒瘾。对此，中国政府不得不作出反应。他们没收了英国商船上的大量鸦片，并试图控制这种危险毒品的进口。英国派去了战船，于是爆发了第一次“鸦片战争”，这场战争从1839年[①]持续到1842年。后来，还发生过第二次鸦片战争，从1856年持续到1860年。英法联军入侵北京后，抢劫并烧毁了皇宫[②]。中国被迫割地赔款，开放通商口岸。不久之后，中国的经济在很大程度上被欧洲政府和公司影响、控制。当时欧洲列强英、法、俄甚至计划瓜分中国，之所以没有成功，是因为三国最终没有达成一致。

我们前面曾讲过，日本也和它的大邻居中国一样，闭关锁国。19世纪初，欧洲商人很难在日本站稳脚跟。1853年7月8日，日本结束了闭关锁国政策。在这一天，美国的四艘战舰驶入日本江户湾（又称东京湾），美国海军准将马修·佩里以美国总统的名义向天皇递交了礼物，要求两国签订贸易协定。但天皇拒绝了，并下令将美国人逐出日本。八个月后，佩里带领十艘战舰返回日本，并逼迫日本签署协定。日本人在凶恶的游戏面前被迫露出了笑脸，在年轻的睦仁天皇（即明治天皇）的领导下开始向西方学习。天皇的目的是使

---

① 1839年3月，林则徐在虎门销毁鸦片，1840年6月，英国舰队开到广东海面，进行挑衅，鸦片战争爆发。——编者注

② 这里应是指1860年10月英法联军火烧圆明园。还需指出的是，1900年8月八国联军曾第二次火烧圆明园。——编者注

上图　这是一幅日本木版画。画中显示，一艘巨型美国军舰停泊在东京港，显然此时任何抵抗都毫无意义了。

日本成为经济和军事强国，再也不必屈服于他国的意志。为了实现这个目标，他模仿一切西方列强的优越之处。这场学习运动的结果至今仍然效果可见，历史学家恩斯特·贡布里希恰如其分地说，日本人“是整个世界历史上最优秀的学生”。不到50年的时间，日本就发展成了一个现代化工业国家，成为东亚强国。

尽管美国利用在日本的行动参与到了在美洲之外争夺殖民地的竞争中，但是英国在很长时间里仍然是殖民霸主。澳大利亚和新西兰以及太平洋上其他几个岛屿均属于大英帝国的版图。剩下的那些岛屿则被荷兰、法国和葡萄牙瓜分了。

美洲、亚洲和大洋洲被瓜分之后，列强眼里的猎物就只剩下非洲了。对他们来说，“黑大陆”在过去的百年里只是因为奴隶贸易才有利可图。在这种贩奴贸易中究竟多少非洲人成为牺牲品，人们只能粗略估计，1000万可能是底线，也许在

2500 万至 3000 万之间，也有人估计数量是 5000 万。大量的人口损失给非洲带来了灾难性的后果：许多地区的部族结构及其生存条件都受到严重破坏。

1869 年，随着苏伊士运河的开通，西方列强对非洲的争夺也开始了。世纪之交时，非洲大陆已基本落入欧洲人之手。1871 年建立的德意志帝国也开始加入争夺殖民地的行列。直到 20 世纪初，德意志民族国家成为现实之后，它才真正有所行动。一位名叫卡尔·彼得斯的人言简意赅地写道：“德意志民族在瓜分全球的竞争中几乎一无所获。这不过是在弥补它错过的那一百年的过失。”

占领地球上第二大陆的冠冕堂皇的理由是一种伪科学理论，即所谓“黑人是劣等种族”，白人的借口是需要给非洲带去文化和文明。而事实上，白人所关心的只是非洲大陆的原料和矿藏，以及随之而来的金钱和权力。

35.“德意志的本质就是治愈世界”

如果一个国家的政策旨在控制其他国家，那么我们就称其为“帝国主义政策”。自从有国家以来，这种政治现象就已存在，比如古罗马或者中世纪的一些帝国。19 世纪末，欧洲、美国和日本工业化后，就一直致力于对世界其他民族统治权的争夺，于是人们就把这一时期称作“帝国主义时代”。英国的殖民主义政治家塞西尔·罗兹于 1877 年写道：“我断言，我们是世界上最高等的种族，因此，我们在世界上占据的地方越多，对人类来说就越好。”这种思想在其他国家也有，比如德意志。

上图 “领港员走下船舷。”这是刊登在英国杂志上的一幅漫画。英国人会自问，皇帝是否有能力驾驶国家这艘大船安全地穿过暗礁。

普鲁士宰相奥托·冯·俾斯麦（1815—1898）打了三次胜仗之后，利用精明的外交手段于1871年成功建立了一个由普鲁士主导的德意志帝国，奥匈帝国被排除在外。这个位于欧洲心脏地带的新兴霸主让邻国感受到了威胁，他们用怀疑的目光观察着它。帝国首相俾斯麦大权在握时，他对邻居们采取了怀柔政策，让他们消除顾虑，他声明德意志对自己的领土感到满意，已经“知足了”。他费尽心机想出来的联盟政策保障了帝国的地位，也维护了欧洲的和平。

然而1888年，29岁的威廉二世继承皇位后不久，就采取了“新的路线”。这位野心勃勃、变化无常且非常自负的年轻君主的座右铭是：“德意志的本质就是治愈世界。”他解除了帝国老首相的职务，因为俾斯麦不支持他称霸世界的幻想。之后的德意志帝国，如皇帝常说的那样，“开足马力前进”。后来的帝国首相冯·比洛于1897年就殖民政策在帝国会议上发表了演讲，他在演讲的最后说道：

过去，德意志人把陆地让给了某个邻居，把海洋让给了另一位邻居，而只为自己留下一片天空，这样的时代已经一去不复返了…… 我们不想把任何人置于阴影之下，但是我们也要拥有太阳下的一块地盘。

为了占据这样一块地盘，首先就必须拥有一支舰队，因为只有这样才能保障海外的原料产地和销售市场。于是，皇帝下令，尽快建立一支强大的舰队。

紧接着英国发现，自己的海上霸主地位第一次受到了挑战，于是它建造更为庞大的舰队以应对威胁。欧洲的其他国家面对德意志的“穷兵黩武”也没有袖手旁观。当德意志政府不再续签俾斯麦的联盟协定时，英国、法国和俄国缔结了联盟条约，避免相互之间发生战争。德意志被孤立了，陷入了四面楚歌的境地。德皇和他的政府认为，必须进一步扩军，以便在必要时使用武力捍卫自己的利益。这种普遍的扩军备战以及日益高涨的民族主义情绪，使欧洲变成了一个火药库，稍有一丝火星就足以引发爆炸，而所有参与者似乎都在等待这丝火星爆发。几乎没有人想继续致力于维持和平。

36. 20 世纪的“灾难之母”

1914 年 6 月 28 日，奥匈帝国皇储弗朗茨·斐迪南和他的夫人在波斯尼亚首都萨拉热窝遇刺身亡。凶手是一名塞尔维亚民族主义者，他和他的许多同胞一样，梦想建立一个大塞尔维亚国，因此把奥匈帝国皇储看作他们实现这一梦想的障碍。他的这次刺杀行动本来不应该引起一场大战，如果是在其他时代或许根本就不会引发战争。然而，这件事却成了那丝引燃爆炸的火星。后来有人说，没有人真正想让这场战争爆发，那些“大人物和上层势力”都是身不由已地陷入战争中的。所有这些托词只是想说，那些“大人物”已经失去控制局面的能力了。也有人不认可这种观点，因为某些“大人物”甚至表示，他们非常清楚自己在做什么。德国历史学家弗里茨·费舍尔在他的《争雄世界》[①]一书中写道：“萨拉热窝刺杀事件对德意志领导者来说，是一个他们蓄谋已久的发动战争的绝佳机会。”

不管情况如何，德意志本来是能够制止这场战争的，因为奥匈帝国单独对抗与俄国结盟的塞尔维亚是不可能的。但是，威廉二世向维也纳的奥皇保证，在任何情况下都会伸出援手，并利用这张“空头支票”鼓动他向塞尔维亚开战。结盟机制迅速做出反应，8月4日，另一方也正式宣战。交战一方是德意志和奥匈帝国，另一方是塞尔维亚、俄国、法国和英国。

在许多欧洲人眼里，双方开战甚至是一件值得欢呼的事情。因为几个月的紧张情绪终于得以释放，他们似乎觉得可以松一口气了。尤其是德意志人，人们预计战争很快就能结束，士兵们坚信，他们将会回家过圣诞节，并且会作为战争英雄受到欢迎。一些人发出的警告声音被置若罔闻，或根本就没有被认真对待。这种声音主要来自诗人和艺术家，不过也有一些政治家徒劳地指出了战争的后果。比如英国的外交大臣爱德华·格雷就曾在8月4日指出：“在这一时刻，整个欧洲的灯熄灭了，在有生之年，我们将再也见不到它们闪亮。”而这样的悲观意见被束之高阁。

短时间内，看上去确实如此，好像那些警告的声音都是谎言，应该受到惩罚。德军在东西线战场所向无敌，战争结束似乎指日可待。可是，英法部队在巴黎近郊阻止了德军的进攻。9月6日至9日的马恩河战役之后，运动战改为阵地战。这样一来，德意志的作战计划就无法实现了，对德意志和奥匈帝国一方来

① 原版书名为 *Der Griff nach der Weltmacht*，中文版图书书名为《争雄世界：德意志帝国 1914—1918 年战争目标政策》，1987 年 10 月由商务印书馆出版。——编者注

说，战争实际上已经失败了。尽管如此，两个前线阵地上仍然在继续战斗。士兵们挖战壕，向敌人射击，或被敌人射击，但是双方均无进展。若想攻占几百米的阵地，就要付出许多生命的代价。就这样，战争持续了4年之久，前线的士兵只不过充当了战争的"炮灰"。

这场新式战争的恐怖高潮是凡尔登战役，作战中首次使用了机关枪、装甲车、飞机、飞艇和毒气。1916年年初，德军最高统帅部企图让法国"流尽最后一滴血"，以期扭转战局。在持续数月的"重型武器战"中，战况空前惨烈，法德双方约有70万士兵丧命。一位士兵在临死前写道：

> 在我们的阵地对面，似乎世界末日已经来临。爬出战壕！没有一块地方未被炸烂。机关枪突突作响，四处喷着火舌。地狱般的喧嚣。这儿倒下一个，那儿又倒下一个。U上尉，目前是我们的连长，站了起来，突然他手中的作战地图被炸成碎片，他双手捂住胸口，向前倒地，几分钟后就死了。中午12点，敌人开始反击，一阵手榴弹轰炸后，他们又撤退了。

上图　列车车厢上的字显示出德意志士兵把上西部前线想象成去巴黎旅游。他们没有预感到，其中的许多人在这次"巴黎之旅"中将再也无法返回故乡。

凡尔登的"地狱之战"将战争的无意义彻底展现了出来。

1917年年初，德意志最高统帅部发出"无限制潜艇战"的命令，从此刻起，这场战争才成为真正的第一次世界大战。所谓"无限制"的意思是，中立国的船，包括美国的船，均可被击沉。1917年4月6日，美国随即向德意志宣战。但是，以兴登堡和鲁登道夫将军为首的德军却一直不肯相信，德意志败局已定。他

上图　这就是第一次世界大战的现实：残酷的阵地战之后，满眼望去是一片萧瑟荒芜的景象。

们仍然梦想“齐格弗里德”[①]现身，并拒绝了德国国会和美国总统伍德罗·威尔逊的和平倡议。1918年3月，他们强迫革命家列宁领导下的俄国新政权签署了《布列斯特－立托夫斯克和约》。尽管如此，半年后，最高统帅部也不得不承认，德意志已经战败。1918年10月1日，鲁登道夫将军向高级军官承认：“最高统帅部和德国军队已经完了。战争已经不可能获胜，彻底失败就在眼前。”

然而，鲁登道夫和最高统帅部并不想承担战败的责任。因此，他向德皇提出建议：“现在应该让那些使我们陷入今天这步田地的人也进入政府，让他们去签署必须签署的和约。让他们去喝那碗烂汤，这是他们咎由自取。”这是无耻地歪曲事实，其目的只是保护军队免遭投降的耻辱，失败的责任应该由政党，尤其是德国工人党和社会民主党承担。将军们的策略成功了，以损害第一共和国为代价，不过这都是后话。

战争还没有结束。虽然鲁登道夫已承认战败，并于10月26日引退，可是两天后海军司令还是向远洋舰队下令，命他们向英国舰队发起最后攻击。不过水兵们不想再去当炮灰，他们冒险起义，起义的情绪迅速感染了工人和士兵，最终发展为“十一月革命”。1918年11月9日，社会民主党人菲利普·谢德曼宣布“德意志共和国”成立，皇帝威廉二世逃往荷兰，各地诸侯退位。

11月11日，社会民主党领导的新政府代表德国签署了停战协定，战争武器终于真正保持了沉默。随后举行的巴黎和会却不允许德国参

① 齐格弗里德，北欧神话中的英雄，著名的屠龙勇士。——编者注

加。战胜国组成法庭并起草了《凡尔赛条约》，条约的某些条款相当苛刻，不只是德国感到不公。尤其是第231条，战争爆发的责任以及战争造成的“所有损失和伤害”全部由德国及其盟国承担，这在德国引起了众怒。政府总理谢德曼拒绝在和约上签字，并辞去了总理职务。战胜国以继续战争相威胁，德国新政府不得不签字。

在德国，人们针对社会民主党政客们的怒火越来越大，在许多人看来，“屈辱的和约”和“凡尔赛耻辱”的罪责应该由他们承担。右翼政党和团体要求“修正《凡尔赛条约》”。我们今天甚至可以说，结束第一次世界大战的和约里已经孕育着第二次世界大战的萌芽。

第一次世界大战夺去了1000多万人的生命，另有3000万人受重伤并因此改变了他们一生的命运。战争也彻底改变了世界。俄国、德国和奥匈帝国三大君主国被毁灭；多民族的奥地利被瓦解，新的国家如捷克和南斯拉夫诞生了。奥斯曼帝国也彻底崩溃，土耳其成为一个独立国家。中东地区的其他国家和地区被置于英国和法国的管辖范围之内。尽管法国和英国是战胜国，但也损失惨重，经济和政治实力被严重削弱。总体来看，欧洲丧失了其世界主导地位，而美国则首次以世界大国的形象登上了历史舞台。美国是战争的真正赢家。美国的参战和俄国“十月革命”使1917年成为一个划时代年份。虽然年轻的苏维埃共和国还很虚弱，但是随着第一个社会主义国家的诞生，世界开始在意识形态和世界观上分裂为两大敌对阵营。

正值第一次世界大战爆发100周年之际，世界各地出版了许多新书。其中澳大利亚历史学家克里斯托弗·克拉克撰写的内容丰富的《梦游者》一书最为引人注目。这本书重新引起人们对战争责任问题的讨论。克拉克得出的结论是，战争的责任不应该由一个国家承担，而应该由欧洲所有国家共同承担。没有哪个负责任的政治家想要这场战争，也没有人能够想到，战争的规模和毁灭性会如此之大。他们扮演的角色就如同梦游者，对自己的行为所造成的深重后果并无清醒意识。

克拉克的判断很容易让我们想

起英国前首相劳合·乔治的那句经常被引用的话，他认为："没有人真正想要这场战争，毋宁说，参战国都是被'拖入'战争的。"

很久以来，并没有哪个严肃的历史学家还会把战争的责任完全放到德国头上，尽管如此，克拉克的观点也遭到了激烈的批评。首先遭批评的是他的"梦游者"概念，严格地说，这个概念相当于把每个参战者的责任都免除了。因为梦游者不能对自己处于不清醒状态下的所作所为负责。

克拉克还认为："按照每个国家的参与程度分级别追究战争责任也是没有必要的。"恰恰是这个观点遭到了一些历史学家的反对，因为至少他们想问清楚，这其中究竟谁最能阻止这场战争的爆发。许多人得出的结论是德国政府。因为德国政府没有阻止奥匈帝国对塞尔维亚采取军事行动，而是对战争爆发推波助澜，所以说，它应该对第一次世界大战的爆发负主要责任。

我们从这场战争中得到的主要历史教训是，在危机状态下，必须竭力寻求除战争之外的一切可能性。而令人遗憾的是，过去百年里发生的多次战争表明，要真正做到这一点，又是何其困难。

37. 第一个社会主义国家

19 世纪末，马克思和恩格斯的著作在沙皇俄国产生了影响，虽然这些著作本来是为工人写的，但首先受影响的并不是工人，而是知识分子，其中之一就是弗拉基米尔·伊里奇·乌里扬诺夫，化名列宁（1870—1924）。大学时期，他开始研究马克思的学说时发现，这个学说对落后的俄国并不适用。因此，必须

上图 弗拉基米尔·伊里奇·乌里扬诺夫，化名列宁。

对马克思主义学说加以改造，以适应俄国国情。在列宁看来，社会主义革命不仅能在高度发达的资本主义国家进行——那里有具备阶级意识的无产阶级——而且可以先在一个不发达的国家开始，再向其他国家蔓延，最后遍及全世界。为实现这一目标，必须首先建立一个由职业革命家严密组织起来的"精英政党"，由它来领导无产阶级，并在人民中传播革命意识。只有这个党才可以决定，何时是发动革命的最佳时机。在随后的从社会主义向共产主义社会的过渡时期，也必须始终保持党的领导地位，保护人民免受革命反动势力的威胁。

在俄国社会民主工党——这个党只能在地下或国外活动——内部，这种"列宁主义"是有争议的。经过激烈的争论之后，最后分裂为两派，一派是激进的"布尔什维克"，一派是温和的"孟什维克"。在列宁的领导下，布尔什维克成为1917年十月革命的决定性力量。

1917年3月，对战争已经厌倦了的工人和士兵在圣彼得堡发动了起义，他们迫使沙皇退位，并宣告成立共和国。但是，新成立的临时政府只想要政治革命，而不想要社会革命，工人和农民的处境并未改变。而且，新政府还要继续对德国作战，从而造成人民生活所需的物资供应短缺，局面进一步恶化。在这样的局势下，流亡瑞士的列宁返回了俄国。在他的《四月提纲》里，列宁要求立即停战，推翻临时政府，一切权力归工人和士兵委员会（即苏维埃），没收大地主的土地，将土地分给农民。

临时政府向列宁的党发出禁令，并派军队镇压游行的工人、农民和士兵，勉强维持了政权。但是，生活物资供应的情况越恶化，列宁的口号“和平、土地和面包”就越具有吸引力。到了10月，列宁发现，采取行动的时机已经成熟。“政府已经摇摇欲坠，我们只需给它最后一击，它就会颓然倒地。”党的中央委员会决定，11月7日即俄历10月25日接管政权。布尔什维克占领了首都几乎所有的重要机关，冲进冬宫，逮捕了正在那里开会的临时政府成员。当日晚，“全俄工兵代表苏维埃第二次代表大会”召开，列宁在会上宣布成立苏维埃社会主义共和国。孟什维克对布尔什维克的行为和目标表示反对，并退出会场。随后，大会成立了以列宁为首的“人民委员会”，作为革命政府。这样，布尔什维克几乎没有流血就夺取了政权。革命政府随即颁布法令，用以实现对和平、土地和面包的核心要求。随后颁布的法令还规定：工业、银行以及教会财产全部国有化；禁止一切私营贸易，生活物资由政府统一分配；旧的司法机关由人民法院取代，法官由选举产生；妇女与男性享有同等权利；离婚手续简化，非婚生子女和婚生子女享有同等权利；中学和大学对劳动人民开放，教育、科学和艺术将为培养“新人”做出贡献。

这种对社会实施彻底改造的计划是世界历史上的一次伟大实验。它对欧洲各地的知识分子具有特别的吸引力，而大多数人对此持怀疑或拒斥态度。当新成立的苏维埃共和国召开大会选举立宪会议代表时，布尔什维克仅得到了24%的选票。1918年1月18日，立宪会议被强行解散了。

布尔什维克声称，它比人民自己更清楚人民的利益之所在，因此它的任何政策都符合人民的利益。这也正是列宁的观点。布尔什维克作为少数派取得了政权，并试图利用一切手段保住它，但也由此导致了内战的爆发。沙皇的支持者、资产阶级自由派以及温和的社会主义者利用国外援助共同对抗俄国共产党（布尔什维克自1918年更名为共产党）的统治长达三年之久。在这个过程中，革命的反对者，即“白党”，在战争初期取得了相当的优势，1919年10月，他们的军队已经兵临圣彼得堡城下。不过，列宁最具智慧的战友列夫·托洛茨基，在短时间内成功组织了一支富有战斗力的红军队伍。由于“白军”各派之间无论是政治上还是军事上都难以协调一致，最终被红军挫败。1920 年秋，“白军”彻底失败。

这场内战中，双方都竭尽全力，进行了激烈和残酷的战斗，伤亡非常惨重，约有 1100 万人丧生。国内经济陷入混乱，工农业生产严重不足，无数的人死于饥荒。在这样的处境下，列宁认识到，必须修改路线。他脱离纯粹的理论，并于 1921 年的党代会上宣布了“新经济政策”。这一经济政策允许农民将自己一部分产品拿到自由市场上销售，部分中小型企业重新私有化，并获得了生产和交易许可。这种混合型经济带来了繁荣，苏联（苏维埃社会主义共和国联盟）人民的生活条件逐步得到改善。尽管如此，列宁并不想改变初衷。“后退一步为的是前进两步。”

列宁没能亲自经历这个“跃进”，他于 1924 年 1 月 21 日逝世。列宁死后，苏联党内展开了一场争夺接班人的激烈的斗争，约瑟夫·维萨里昂诺维奇·朱加什维利，即约瑟夫·斯大林（1879—1953）胜出。在后来的几年里，他将可能的竞争者排挤了出去。他最强大的竞争者列夫·托洛茨基，首先被他开除党籍，然后驱逐出境，于 1940 年在墨西哥流亡期间被刺杀。自 1929 年起，斯大林作为最高领导者治理着党和国家。他强调说：“我们比世界上先进国家落后 50 年或 100 年，我们必须在 10 年内赶上去。要么我们说到做到，要么我们被敌人击溃。”为了实现这一目标，斯大林推行了“自上而下的革命”。为了建立农业大企业，即“集体农庄”，很多庄园被收归集体所有。谁要是反对集体化，他就会被流放到西伯利亚或者被关进劳改营。这场集体化运动造成了两三百万人丧生。①

---

① “很多农民，特别是富农反对集体农庄，因为他们必须以与几乎一无所有的贫农相同的条件加入农庄。有时候，富农们会烧毁集体农庄的房屋，毒死耕牛，散布谣言吓走其他农民。苏联政府对此进行了报复：将成千上万富农赶出村庄，把他们关进监狱和西伯利亚劳动局。”资料来源于《全球通史：从史前到 21 世纪》第 39 章“五年计划和大萧条”，北京大学出版社，2015 年 5 月，第 44 次印刷。——编者注

与此同时，苏联优先发展重工业政策加快了国家工业化进程。从乌克兰到西伯利亚，无数工业城市拔地而起。工业发展的基础就是“五年计划”，国家规定生产什么产品，何时、何处、由谁、以何种质量和价格生产。苏联计划经济初期取得巨大成功，是工人们在相对较差的劳动条件和较为低下的生活水平之下换来的。1928 年至 1940 年间，苏联国内生产总值翻了一番，在世界上仅次于美国。尽管如此，国内对斯大林及其政策的批评声日益增多。为了防止出现反对派，他进行了一次“大清洗”。党内、政府和军队里的反对者成了这次运动的牺牲品，其中包括列宁的一些同道。很多老革命者被秘密警察暗杀，另一些人则被长时间严刑拷打，直到他们在公开审讯中承认有罪。他们或被判处死刑，或被流放到西伯利亚强制劳动改造。俄罗斯作家亚历山大·索尔仁尼琴在他的《古拉格群岛》一书中深刻地描绘了集中营里的生与死。

在人类历史上，曾经有许多皇帝、国王、政治家和统治者，为了达到自己的目的而肆意践踏生命。但是，作为苏联党的一名领袖，声称要将劳动人民从千百年的奴役状态中解放出来，最后却成为脱离自己人民以致犯了严重错误的领导者，这让过去的很多统治者都“望尘莫及”。

38. 争取民族独立的两条道路

进入 20 世纪后，世界上两个人口最多的国家，中国和印度也经历了动荡不安的时期。

随着帝国主义势力在中国的影响越来越大，中国民族主义反抗情绪日益高涨。反对派开始出现，他们把中国的经济困境和对欧洲国家的日益依赖归咎于清朝。多次起义失败后，因为不满情绪不断上升，最终导致了1911年的一场革命①。皇帝被迫退位，世界上最古老的君主政体宣告结束，中国成为共和政体。在这种形势下，总会出现各种企图按照自己的设想改造国家的政治派别。属于“温和派”的国民党主张通过逐步改革来改善人民生活，而革命青年则认为这样不够快、不够彻底，他们在马克思主义学说里看到了巨大的希望，尤其是俄国革命取得成功以后。1921年夏，中国共产党成立了，后来毛泽东（1893—1976）成为党的领袖。他以马克思和列宁的理论为指导，寻找适合中国自己的道路。他认识到，中国革命的主导力量不是城市里数量相对较少的工人，而是生活在农村的广大穷苦农民。

两个政治阵营都建有自己的军队，相互进行了多年战争。初期，以蒋介石为首的中国国民党军队占有明显的优势，毛泽东领导的红军一直处于“被围剿”的处境，只能战略性转移，其中就包括著名的带有传奇色彩的长征。从1934年到1935年，长征的行程超过1.1万公里②。途中，很多人掉了队，也有很多人加入了长征队伍。经过艰苦卓绝的长征，红军终于抵达目的地延安，队伍由最初的10万人减到了1万人。在延安，毛泽东进一步加强了他在党内的领导地位。

1937年，日本开始侵略中国，战争爆发后，相互敌对的国共两党携手共同抵御外国侵略者。抗日民族统一战线的形成，加上不容日本称霸的美国的支持，中国最终战胜了敌人。在战争中，中国共产党的力量得到加强。在随后爆发的内战中，中国共产党得到了广大农民的支持。到1948年秋，中国共产党已解放了中

---

① 指辛亥革命，此处指发生于1911年10月10日（清宣统三年，中国农历辛亥年八月十九日）的武昌起义。辛亥革命的目的是推翻清朝专制帝制、建立共和政体。——译注

② 1936年10月，红二方面军和红四方面军经长征到达甘肃，同前来接应的红一方面军胜利会合。红军三大主力会师，宣告红军二万五千里长征胜利结束。此处提到的应是党中央和红一方面军与陕北红军的胜利会师。——编者注

国的绝大部分土地。1949 年 10 月 1 日，中华人民共和国宣告成立。

很多中国人认为，毛泽东把他们从长久的封建统治中解放了出来，在毛泽东的领导下，中华民族在 30 年里发生的变化比过去三千年都大，中国由此走上社会主义道路。

印度的莫罕达斯・甘地（1869—1948）走了一条完全不同的道路。如果说印度有政治家是圣人的话，那么这个人一定是甘地。对于人应该如何生活，甘地有自己完全不同的观念，他的观念有别于世界各地的“现代人”。他说：

上图　圣雄甘地（1869—1948）。

我坚信，如果印度获得了自由，通过印度，世界也将获得自由，全世界迟早会认识到，人们应该生活在乡村，而不是在城市；应该生活在茅舍里，而不是在宫殿里。数百万人不可能在城市和宫殿里和平共处。我认为，如果没有真理和非暴力，人类就会走向毁灭。只有在简朴的乡村生活中才能获得真理并实现非暴力。

在甘地看来，要想从英国殖民帝国的统治下获得自由，使用武器是达不到目的的，还会牺牲许多人的生命。暴力和自由在他眼里是不相容的。就像很多不走寻常路的人一样，甘地一开始也受到了嘲笑和讥讽，但他利用自己的智慧和超凡的耐心最终获得了成功，使印度走向了独立。他组织实施的“非暴力抵抗运动”[①]

① “非暴力抵抗运动”也被称作“非暴力不合作运动”，源自印度甘地的真理坚固运动，以不使用暴力为宗旨，通过象征性抗议、公民不服从等方式，来达到抗议者希望达成的目标。——译注

终于迫使英国作出让步。然而，他梦想的那个国家，那个所有种族、宗教信仰和种姓都能和睦相处的国家却没有成为现实。在印度生活的印度教与伊斯兰教信徒之间总是无休止地暴发冲突。最终，有决定权的政治家们决定，将这个国家一分为二，一个是信仰印度教的印度，另一个是信仰伊斯兰教的巴基斯坦。甘地自始至终反对这种分割，但他却无力阻止。时至今日，真正的和平仍然没有在印度次大陆上实现。

39. 法西斯的崛起

“一战”后，大多数欧洲国家实行了议会民主制。但是，战后经济极度困难，这些民主国家步履维艰。在意大利、西班牙、匈牙利和波兰，敌视民主制的右翼集团早在20世纪20年代初就夺取了政权，建立了专制统治。意大利的贝尼托·墨索里尼（1883—1945）发展出一种被称作“法西斯主义”的政体，想在社会主义和议会民主制之间寻求另一种可能性。

墨索里尼巧妙地利用了人们的不满情绪和年轻的民主制及其缺乏经验的年轻代表的弱点，组建了一支穿制服的行动队“黑衫军”，其职能是维护公共秩序。许多企业家以及市民中的中产阶级都把“Duce”（意大利语，即领袖）视作保护他们的人物。在这样一种氛围下，墨索里尼率领4万名黑衫军开始“进军罗马”，企图推翻政府并夺取意大利政权。这时政府才意识到威胁，开始调兵遣将阻止法西斯的颠覆活动。但是怯懦的国王维克托·埃马努埃莱三世却迫于墨索里尼的压力做出让步，任命他为内阁总理。

当有人问及法西斯主义的理论基础时，领袖回答说，他不需要任何理论，行动重于哲学。法西斯主义的特征就是，它很少有自己的思想，而只是拒绝他人的思想：它反马克思主义、反共产主义、反民主、反多元化、反议会、反资本主义。全体意大利人民都应该克制个人利益，作为集体的一分子与大家和睦共处。为了实现这个目标，就必须从儿童的教育抓起。只有这样，才能在对抗其他民族的战斗中立于不败之地，并让自己的人民、国家成为一股举足轻重的力量。“信仰、服从，战斗！”这就是法西斯的座右铭。利用这一纲领，墨索里尼在数年之内就把意大利变成了一个极权主义国家。

在战后最初几年里，其他民主国家还能维持局面。但是，这一时期的民主政府受到两方面的压力：一方面是来自右翼的政治势力，他们企图回到民主以前的时代；另一方面来自左翼，他们则想按照苏联模式建立一种新的社会秩序。这些势力对一个国家或世界构成的威胁，主要取决于其政治体制能够使人民的生活标准达到什么水平。人民生活改善得越多，激进的政治观点就越得不到支持。或许有必要在这里对“左”与“右”的概念做些说明。最初它们与法国三级会议里的座次有关，从主席的角度看，意见保守的议员坐在右侧，持自由主义和社会主义观点的议员坐在左侧。也就是说，左与右是一组相对的概念。而如今，假如某人的政治观点极端，通常会被称作激进派。

言归正传，我们再回到 20 世纪 20 年代：能够保持社会秩序稳定的民主国家，其经济得到了稳步发展，人们的生活也得到逐步改善，最困难的时期似乎已经过去。在“黄金 20 年代”，人们的生活焕发了前所未有的生机，至少在大城市是如此。美国成为欧洲人纷纷效仿的榜样。新的音乐，如爵士乐；新的舞蹈，如查尔斯顿舞；新的通信工具，如电话；新的生产技术，如流水线，这一切都令人感动，给人鼓舞。“美国生活方式”成为进步的代名词。

可是，“黄金 20 年代”却因为纽约股市的“黑色星期五”戛然而止。1929 年 10 月 25 日，随着戏剧性的股市暴跌，第一次世界经济危机开

上图　1926 年的美国杂志《生活》封面上展示的是正在跳查尔斯顿舞的一对男女，传达了“黄金 20 年代”的时代精神。

始了。美国银行要求其欧洲债务人立即偿还贷款及利息。德国由于战败负债最多，因此受波及最大。国内货币紧缺、工业生产停滞、公司倒闭、失业人数激增，与此同时，激进派拥护者的人数猛增，他们反对魏玛共和国（因《魏玛宪法》的诞生地而得名）的议会民主制。尽管如此，由德国社会民主党和其他资产阶级政党组成的联合政府仍然有数量上的优势，可以在这种形势下采取必要的经济措施。可是，他们却以一种在今天看来难以置信的轻率浪费了这个数量优势：仅仅因为对失业保险的资金来源问题没有达成，或者不想达成一致意见，这个最终由议会合法选出的魏玛共和国政府竟然宣布辞职，而国会则无力再组建一个新政府。根据宪法规定，在这种危急时刻，总统就成了德国政治中最为关键的人物。自 1925 年起，世界大战时期的老元帅保罗·冯·兴登堡就担任总统，但他不是一个民主主义者，因此完全不能胜任这一角色。在儿子和老战友的唆使下，他做出了给德国命运带来严重后果的决定：走马灯式地任命“总统内阁”。就样一来，法令不再由国会制定，而是由“总统内阁”提交“应急法令”，由总统签字生效。民主制中非常重要的权力分立原则就这样被废除。虽然从形式上说这一行为似乎并不违反宪法，但那只是在特殊情况下允许采取的应急方案。自 1930 年起，应急方案已成为常态化机制，魏玛共和国在希特勒“夺取政权”以前就基本上已经名存实亡了。

虽然阿道夫·希特勒（1889—1945）和他的政党在德国政治中扮演了很久的角色，但他的迅速崛起则是从世界经济危机开始的。这主要归因于他喊出了的简洁口号，制造了清晰明确的敌人形象，在四处弥漫着不满和不安情绪的时期，这种政策特别受人欢迎。“一切都是犹太人和共产党的罪责！”凡是相信这种口号的人，就会投票给希特勒所在的政党。在1932年7月31日的选举中，纳粹党获得37.3%的选票，成为国会中的第一大党。

兴登堡本人对希特勒持很大的保留态度：“先生们，难道诸位会以为，我会任命这个奥地利二等兵做总理吗？”他于1933年1月27日对他的顾问们说。但那些顾问却劝说兴登堡，不能将国会里最大政党的领袖长期排除在政府之外。一些保守派政治家和那些支持希特勒的企业界代表认为，他们能够“控制”希特勒，为他们所用。老总统的亲信弗朗茨·冯·巴本说：“用不了两个月，我们就会把希特勒挤到角落里去，一定会让他疼得吱哇乱叫。”这却成了世界历史上的一个后果最为严重的误判。

40. 德国成为元首国家

阿道夫·希特勒是世界历史上最可怕的人物。他的崛起，仔细回想的话，会让人觉得不可思议。希特勒既没有完成中学学业，也没有从事过一份正式职业。青年时，他靠打零工为生，住在维也纳的男子收容所里。第一次世界大战爆发时，25岁的希特勒就志愿参军，并希望能做一辈子军人。在军队里，他有一种归属感，他知道自己该干什么，不该干什么，命令和服从的原则令他敬佩。

德国战败后，希特勒和许多生活无着落并怀有不满情绪的人一样，加入了新成立的众多党派里的一个。由于他很会演说，一个月后就被选为德国工人党主席团委员，任宣传部长。他做的第一件事，就是为这个政党改了一个新名称："民族社会主义德国工人党"（NSDAP）[①]，党徽是万字符。只用了不到一年的时间，希特勒就成为党内最有权势的人。1921 年 7 月，他被选为主席，拥有近乎无限的权力。他以意大利法西斯为榜样，组建了一支半军事化的"冲锋队"（SA），队员身着褐色制服列队游行，借此威慑那些敌对者。

墨索里尼"进军罗马"成功之后，希特勒也想效仿他：1923 年 11 月 9 日，他号令"褐衫军"前往慕尼黑，"进军统帅府"。和墨索里尼一样，他也想推翻政府。

希特勒和前统帅鲁登道夫一起率领队伍前行，但警察阻截了他们，并逮捕了暴动者。在随后举行的法庭审判中，鲁登道夫获释，希特勒却被判 5 年监禁，不过他只在监狱里待了 9 个月。在这段时间里，他写了《我的奋斗》一书，书中他毫不掩饰地表明了自己的观点和目标，其中大部分观点与意大利法西斯无异。除此之外，希特勒还增添了一种逻辑混乱的种族论，他狂热地信仰这种理论，并基于种族论产生了一种对犹太人的疯狂仇恨。他得出一个极端的结论：犹太人是必须被彻底消灭的"劣等种族"。此外，希特勒还要求为德意志"优等种族"在"东方寻找生存空间"。他的最终目标是，建立一个"基于奴隶制和不平等思想上的伟大的新社会秩序"，不仅在德国，而且在世界范围内实现这一目标。到那时，"雅利安优等种族"将在德意志的带领下统治全世界。

当时许多人认为，这只不过是一个遭受了生活挫折而失落绝望的男人的胡思乱想，不必把它当回事。另一些人则追随他们的"元首"，就像当年哈默尔恩的孩子们追随捕鼠

① 简称德国纳粹党。——译注

人那样[1]。但是，当希特勒于1933年1月30日当上总理后，他们所有人都几乎无法想象，随后的12年里将会发生什么。

“夺取政权”以后，希特勒的冲锋队和党卫军控制了街头。纳粹的政敌被追捕、殴打或杀害。第一批集中营建起来了，肆意抓捕来的男人和妇女被关押在里面，忍受摧残。希特勒维持和巩固政权的方法之一是，在人群中散布恐惧情绪；另一个方法是，利用国家机器制造一种假象，让人们觉得他们的一切行动都在宪法和法律的框架内。1933年2月27日柏林的国会大厦着火，纳粹立即散布谣言说，是共产党蓄意纵火。第二天，一份早已准备好的《保护人民和国家紧急法案》就呈递到了总统办公桌上。由于该议案是反对共产党的，兴登堡的顾问建议他在法案上签字，尽管这将使总统的许多重要的基本权力“大范围失效”。这个紧急法案有效期一直到1945年，它让

上图 **“国会纵火案”发生后纳粹党四处散布这一宣传画。直至今日，人们仍无法确定，纵火者到底是谁，但不管怎样，纳粹利用了这次事件。**

纳粹依照法律合法地迫害其所有的批评者和反对者成为可能。

在这种氛围下，国会竞选于1933年3月5日举行，活动中特别强调了“竞”的含义。纳粹党在全国范围内散发宣传材料，举行了无数次竞选

① 哈默尔恩的孩子源自格林童话《花衣魔笛手》，是一则寓言故事。讲的是哈默尔恩城闹鼠患，一个神奇的捕鼠人用魔笛带走了所有的老鼠，当他回来索要报酬的时候，城里的人拒绝支付报酬。于是，捕鼠人吹起了魔笛，城里所有的孩子不受控制地跟着捕鼠人的笛声，头也不回地走了，最终消失在黑暗里。

集会。共产党及其报纸被禁，领导人被拘捕。冲锋队员混进社会民主党和其他资产阶级政党的竞选集会捣乱，让集会无法进行。新闻界也备受压力，大部分报纸都无法发表自由和客观的报道。尽管如此，纳粹党仍然没能获得所期望的多数票。43.9% 的得票率使他们不得不联合其他党才有胜出的可能性。他们找到了德意志国家人民党。两党合起来有了 51.9% 的选票。希特勒本来可以利用议会多数执政，但他想要的更多。于是，他提交了一份所谓的《授权法》，有了这个法案，政府可以不经国会同意颁布与宪法相违背的法令。为了使其看上去合法，希特勒需要最后利用一下国会。在 1933 年 3 月 23 日举行的带有决定性意义的会议上，冲锋队进入会场“维持秩序”，目的是给反对党代表施加压力。德国共产党的 81 个议席事先已被当作不存在了，希特勒也已向资产阶级政党做了许诺，这样，纳粹党就获得了三分之二的选票。只有社会民主党顶住压力，对这个法案一致投了反对票，尽管如此也无法阻止该法案的通过。这样一来，国会本身就被排斥在外了，希特勒实际上成了德国的独裁者。他开始利用手中的权力，按照自己的设想改造国家和社会。首先，通过《各州与国家一体化法》，废除了各州的独立性。总统被“地方行政长官”取代，后者的直接上司就是希特勒。之后，工会和德国社会民主党被禁，其领导人被“保护性拘留”，并被关进集中营。资产阶级政党“自愿”解散。1933 年 7 月 14 日起，依法禁止成立任何新政党。

纳粹党只用了半年的时间，就将德国变成了一个毫无民主可言的一党专政的国家，希特勒大权独揽。1934 年 8 月 2 日，兴登堡去世，希特勒接管了他的总统职位，从而得到了国防军的最高指挥权。从此以后，他的官方头衔就是“德意志国家和人民的元首”。德国彻底成了一个极权主义元首国家。

41. 希特勒的种族妄想

“元首永远正确。元首的意志就是法律。”这样的以及类似的言辞清楚地表明，希特勒已经大权独揽，就跟过去的专制君主一样。但这些还不能使他满足，他不仅要掌握一个国家的权力，还要控制人们的思想和感情。为达此目的，他让孩子从小就接受纳粹思想教育。为此成立了“少年队”“希特勒青年团”“德国少女联盟”，以及类似的组织，把所有孩子按照不同的年龄纳入教育系统。关于纳粹国家教育的目的，希特勒的副手鲁道夫·赫斯是这样说的：“我们国家的根基就是，无限忠于元首，甘于为元首献身，不问为什么，只需要默默执行元首的命令。”

“元首下令，我们服从！”这是“第三帝国”的主导口号。为了防止有人产生非分之想，自由派和左翼记者及作家不允许发表作品，他们的书籍已经于1933年5月10日被当众焚毁；凡不适合所谓“人民的健康情感”的图画和音乐，则被视作“非德意志的和堕落的”。所有不愿追随新的“德意志精神”的科学家均被解雇。

尽管如此，一些人从未屈服于纳粹的压力和淫威，他们勇敢地反抗纳粹政权。有人拒绝行“希特勒举

手礼”，有人帮助被追捕的同胞，有人从事地下政治活动，有人策划刺杀希特勒。但是，在一个极权国家里，特务和告密者无处不在，任何反抗都有生命危险。成千上万的人为自己的刚正不阿和勇气献出了生命。

这一切以及类似的事情在其他独裁国家也会发生。纳粹政权与他们的不同之处在于它的种族论及其造成的后果。根据这个理论，世上存在优等种族和劣等种族，他们为了生存而相互斗争。纳粹认为，自然的基本法则是，人类为了向高级发展，优等种族有权力，甚至有义务消灭劣等种族。根据他们的等级排序，在这个等级序列里，最上等的是北方的雅利安人，最下等的就是犹太人。这种荒唐的伪科学理论自 19 世纪末就在欧洲流行。在希特勒身上，以及有较为古老的反犹主义传统的德国，这种理论有特别肥沃的土壤。对希特勒本人来说，种族论只不过是他屠杀他人的合法借口。关于犹太人，希特勒在《我的奋斗》里写道：

他们是并将永远是寄生虫，是四处传播有害细菌的寄生虫，只要有合适的土壤，就会四处传播。他们的存在产生的影响也如同寄生虫：凡是他们出现的地方，优等种族或早或迟就会死亡。

从把人看作寄生虫，到产生必须把他们消灭的思想，只需迈出一小步。

纳粹夺取政权后不久，德国就开始出现煽动反犹情绪和恶意刁难犹太人的行动，犹太人或被隔离，或被驱逐。直至今日，还有人质疑，在 20 世纪，在一个文明民族，在康德、莱辛、歌德和席勒诞生的国

左页图　纳粹不想把青少年的教育放手给家长和学校，而是由国家“统一组织实施”。
右图　1938 年在巴登，路人围观犹太人被逮捕。

家，怎么会发生这样的事情！犹太人以及其他反对者被纳粹歧视和迫害，被剥夺生存权，这一切并非秘密进行的，而是在邻里、熟人、朋友、同事、队友和同学面前发生的。只是到了 1942 年，要实施“犹太人问题最终解决方案”（即有计划地大规模屠杀犹太人）时，他们的行动才开始避开公众视线。为此，纳粹在被德国占领的波兰建起了死亡集中营，欧洲各地的犹太人被押送到那里。建立死亡工厂后，约 600 万其他宗教团体的成员被系统性地杀害，世界历史上的任何罪行都无法与之相比。对欧洲犹太人的大屠杀使每个德国人背上了沉重的历史负担，无论这个德国人对这段历史是否了解，或究竟了解多少。

42. 全面战争

“德国军队必须在四年内具有作战能力。德国经济必须在四年内具备保障战争供给的能力。”1936 年的一份秘密备忘录里，阿道夫·希特勒提出了这样的要求。不过，对外他仍然表现出一副热爱和平的政治家形象，并利用 1936 年在柏林举办的奥林匹克运动会做宣传。尽管希特勒推行了普遍义务兵役政策，撕毁《凡尔赛条约》，并占领了莱茵非军事区，许多人还是被他蒙蔽了。1938 年 3 月 14 日纳粹德国“吞并”奥地利本来也应该引起人们的警惕。希特勒断然把自己出生的国家宣布为德意志帝国的一部分，借此对那些欧洲邻国打一场出其不意的心理战，以警告他们不要贸然参战。半年后，他要求合并拥有 350 万人口的苏台德地区，“这是我在欧洲提出的最后一个领土要求”，所有德意志人都应“回到帝国的怀抱”。[①]

欧洲列强对这些掠夺行为均持观望态度，最多发表一些软弱无力的抗议声明，或者试图通过妥协来安抚希特勒，但是这些都无济于事。希特勒想得到《我的奋斗》一书中提出的“东方的生存空间”，而那些安抚性的“绥靖政策”只会鼓励他得寸进尺。1939 年 9 月 1 日，希特勒下令突袭波兰，第二次世界大战由此开始。

对波兰发起进攻时，德国军队尝试了一种“闪电战”的新战术。在战斗机的掩护下，坦克部队快速地深入敌国腹地，步兵随后跟进，占领被征服的地区。集中所有兵力进攻一个目标，可以速战速决，因为德国的军事装备不适合开辟多个战场，长时间作战。战争所需要的物资必须通过掠夺战败国来获取。

这种新战术在进攻丹麦、挪威、比利时、荷兰，甚至法国时都奏效了。仅五个星期的时间，德国部队就进驻了巴黎。1940 年 6 月 22 日，法国不得不在投降书上签了字。为此，希特勒特别选了一个具有象征意义的地点——贡比涅森林里的一节火车车厢里。1918 年 11 月 8 日，就在这同一节车厢里，德国被迫签署了停战协定。希特勒显然是要借此“洗刷凡尔赛的耻辱”。之后，许多德国人都为他欢呼，称他是“有史以来德国最伟大的统帅”。看上去，没有任何东西，也没有任何人能够阻止他胜利前进的步伐。

德国发起对英国的进攻时，首次遭遇了挫折。尽管德国空军已经对英国城市轰炸了几个月，但却仍然无法摧毁英国人反抗的意志。希特勒下令停止攻击英国，转向攻击他的真正目标——意识形态上的主要敌人苏联。

虽然希特勒与斯大林在 1939 年就签订了《苏德互不侵犯条约》，但这并没有妨碍他于 1941 年 6 月 22 日实施“巴巴罗萨行动计划”[②]：远征

---

① 1935 年，德国公开撕毁《凡尔赛条约》，实行义务兵役制，建立军队。1936 年，德国派兵进驻莱茵非军事区；1938 年吞并了奥地利；1938 年 10 月占领苏台德地区；1939 年 3 月吞并了捷克斯洛伐克。——编者注

② “巴巴罗萨行动计划”是纳粹德国在第二次世界大战中发起入侵苏联的行动代号。这个计划由德国陆军总参谋部第一军需部长弗雷德里克·保卢斯起草，原名为“奥托计划”，后于 1940 年 12 月改为“巴巴罗萨行动计划”。——译注

巨大的苏联。希特勒的“闪电战”似乎仍然效果显著，到了10月，德军已兵临莫斯科城下。可是，这一年的冬天提前来临，阻碍了德国人前进的步伐。和当年拿破仑的大军一样，德军同样没有为俄国的冬天做好准备，部队的供给变得越来越困难，损失也越来越大。遭到突然袭击的苏联反应过来后，对德军开始了反击，德军的“闪电战”这次没有取得成功。尽管德军于1942年夏天再次向前推进，但30万大军却于1942年7月至1943年2月在斯大林格勒战役中被苏军围困。虽然战局已无胜算，但希特勒不允许德军投降；最终第六军团全军覆没。斯大林格勒战役被认为是这次战争的转折点。从这时起，德军开始全线败退，尽管德国国内有人仍在谈论着“最终胜利”。

这期间，这场欧洲战争已发展为世界大战。和德国结盟的国家除了法西斯意大利，还有企图在东南亚获利的日本。1941年12月7日，日本偷袭了美国太平洋海军舰队基地珍珠港，从而将美国也拖入战争。[①] 和第一次世界大战时发生的一样，每个人都清楚，美国加入战争会造成战争双方力量对比发生根本性变化，德国及其盟友的败局已无可挽回。即使如此，就和当年的统帅兴登堡和鲁登道夫一样，希特勒这位“有史以来最伟大的统帅”宁愿继续牺牲数百万人的生命，也不肯投降，并且他的将军们也支持他这样做。

1943年7月25日，维克多·埃曼纽尔三世在意大利下令逮捕了墨

左图 1945年8月6日，原子弹轰炸之后的广岛。

① 在亚洲，中国牵制着大部分日本陆军，为世界反法西斯的胜利做出了巨大贡献。中国战场是世界反法西斯战争的东方主战场。——编者注

索里尼，意大利的战线就此改变。在德国，没有人胆敢逮捕希特勒，1944 年 7 月 20 日，施陶芬贝格上校刺杀希特勒的行动没有成功。射击和轰炸仍在继续，此时德国本土已经变成战场，德国许多城市遭到盟军轰炸，苏联红军从东线进入德国，西方盟军则从西线步步逼近。1945 年春，德国已被完全占领。

1945 年 4 月 30 日，阿道夫·希特勒自杀；5 月 8 日，德国宣布无条件投降，欧洲战场就此结束。太平洋区域内的战争仍持续了三个月，1945 年 8 月 6 日至 9 日，日本广岛和长崎先后遭原子弹轰炸。这种可怕的武器终于迫使日本于 8 月 15 日宣布无条件投降，第二次世界大战就此彻底结束。战争夺走了 5500 万人的生命，并以可怕的方式显示了人类的能力。美国利用投掷原子弹开启了一个新时代。与此同时，美国也向世界展示了其领导地位。

43. 两大敌对阵营的形成

早在战争期间，反希特勒联盟的各国政治家们就曾召开多次会议，共同就战后形势交换意见，其中就涉及德国的未来问题。与会者更为关注的是，如何建立一个国家之间紧密协作的世界新秩序，防止未来继续发生战争。1945 年，联合国成立，最初有 51 个成员国，如今已经达到 190 个[①]。这个组织确定了四个主要目标：维护世界和平，保障人权，各民族平等，改善世界各地人民的

① 截至 2021 年，联合国共有 193 个成员国，2 个观察员国（梵蒂冈和巴勒斯坦）。原则上，只有主权国家才可以成为联合国成员国。——译注

上图 1945 年 7 月、8 月，在波茨坦会议上，丘吉尔（左）、杜鲁门（中）和斯大林（右）向世人展现团结一致的姿态。

生存条件。

起初，美、英、苏“三巨头”还能达成一致意见，在 1945 年夏举行的波茨坦会议上，关于“德国问题”三国的意见也是一致的。英国首相丘吉尔、苏联领导人斯大林和美国新总统杜鲁门共同决定“要彻底消灭德国军国主义和纳粹主义”，会后三人在镜头前握手以示团结。当法国也作为战胜国加入后，它们就将德国划分为四个占领区，将柏林划分为四个辖区。奥德河—尼斯河线以东地区归波兰和苏联管辖。由四国总司令组成的“盟国管制委员会”负责整个德国的管理。每个占领国在各自的占领区独立执政。

战争结束前，有 100 多万德国平民面对驻扎在东部德国的苏联红军时选择了向西逃亡，而《波茨坦公告》发布之后，逃亡的人潮剧增，变成了一次民族大迁徙。总计约有 1200 万人被迫离开东部的家园，逃到西部谋求生存。当时，德国的许多城市已成废墟，日常生活必需品极为短缺，东部逃亡者的到来使西部的情况进一步恶化。再加上，战胜国还要求战争赔偿，拆走了全部工业设备。苏联人因战争造成的损失最大，超过 2000 万人丧生，他们拿走了一切能拿的东西。这些都是可以理解的，但这使德国供应短缺的情势迅速加剧，造成了真正的“饥饿寒冬”。为了防止德国经济彻底崩溃，美国人调整了占领政策，不过这并非像后人认为的那样，仅仅是出于人道主义的原因。

对美国新政策产生决定性影响的是美国驻莫斯科大使馆参赞乔治·凯

南对苏联及其意图的评估报告，早在1946年初他就写道：

想和俄国人一起统治德国，这纯属幻想。以为俄国人和我们一样，在将来的某个美好日子里会礼貌地撤出德国，一个健康、和平、安定和友好的德国就会在这个真空状态里成长起来，也纯属幻想。我们别无选择，只能将我们在德国占领的部分变成一种独立的形式，让它自给自足，有保障，有优势，不受制于来自东方的威胁……宁要一个分裂的德国，至少可以把它作为抵御极权主义势力向西扩张的缓冲带，也不要一个统一的德国，而让它把势力一直扩张到北海。

凯南认为，苏联一直以来企图把共产主义革命推向世界，因此有必要，至少在经济上和军事上增强西欧的力量，以使它成为一个“缓冲带”。

苏联的观点与美国截然相反，他们认为，美国人想把德国和欧洲拉入资本主义阵营，使其成为美国的卫星国。这个因对战希特勒德国而临时组建起来的“不自然的联盟”就这样瓦解了，东方与西方的冲突就此开始。1947年3月12日，美国总统在国会演讲中宣告了新政策，这项新政被称为“杜鲁门主义”，载入史册。

杜鲁门认为，在当今世界历史的重要时刻，几乎每个国家都必须在两种不同的生活方式之间作出抉择：要么选择自由民主的西方，要么选择共产主义的东方。杜鲁门认为，要遏制共产主义的扩张，自由世界必须建起防护墙[①]。“我相信，美国的政策必须是帮助那些反抗外来压迫和争取自由的民族。”数十年来，杜鲁门的这种遏制政策一直是美国外交政策的基本原则。它也使美国扮演的“世界警察”角色备受争议。

与之相对，斯大林发展出一种“两个阵营的理论”：一边是自由的

① 杜鲁门主义被普遍认为是美国外交政策上的一次重大转折，标志着美苏之间冷战的正式开始，对“二战”后世界格局的发展有着深远影响。——编者注

社会主义阵营，另一边是资本主义的帝国主义阵营。社会主义的和平发展和壮大将导向一个正义的世界，其目的是遏制带有侵略性的美帝国主义的扩张。

这就是两个新“超级大国”各自不同的世界观，世界被分为两个敌对阵营。不久之后，东西方之间的“冷战”就成为一个新议题了。

44. 核威慑的均势：“冷战”

两大阵营的形成，不是说说而已，而是付诸行动。根据美国国务卿马歇尔的计划，一个西欧重建援助项目启动了。在军事上，西方国家也日益靠拢，并于1949年建立了以美国为首的北大西洋公约组织（NATO）[①]。其成员国有比利时、丹麦、法国、英国、冰岛、意大利、加拿大、卢森堡、荷兰、挪威、葡萄牙和美国。苏联也迅速作出反应，建立了经济互助委员会（COMECON）[②]，并与其势力范围内的各国签订了《友好互助条约》。初期的成员国有保加利亚、波兰、罗马尼亚、捷克和匈牙利，后来阿尔巴尼亚和德意志民主共和国也加入进来。

被丘吉尔称为“铁幕”[③]的东西方政治边界也将德国分割开来，1949

① 北大西洋公约组织（NATO），简称“北约”。——译注

② 经济互助委员会（COMECON），简称“经互会”。——译注

③ 1946年3月5日，英国前首相温斯顿·丘吉尔在美国富尔顿城威斯敏斯特学院发表“铁幕”演说，攻击苏联和东欧社会主义国家“用铁幕笼罩起来”。后来西方资本主义国家就用“铁幕国家”来蔑称社会主义国家。——译注

年，两个德国成立了：德意志联邦共和国（BRD，简称联邦德国）首任总理康拉德·阿登纳（1876—1967）坚定地带领国家进入了西方阵营；德意志民主共和国（DDR，简称民主德国）则发展为苏联最忠诚的盟国。

1950年，朝鲜战争爆发，于是，"冷战"变得"热起来"。西方认为，这是共产主义对"自由世界"的威胁。人们担心，下一个目标可能就是联邦德国。为了威慑苏联，北约开始加强军备。在此期间，要求联邦德国为西欧防御计划做出贡献的呼声开始变得高了起来。另一些人则警告说，对在德国重新建立一支军队发出警告。当德国国内开始为是否重建军队展开激烈辩论时，第二次世界大战的痕迹还随处可见。和这个年轻国家的所有重大决定一样，在这个问题上阿登纳的意见仍然得以贯彻。1955年5月5日，联邦德国加入北约，1956年1月，阿登纳祝贺新的联邦国防军第一支部队的成立。

苏联对这一局势不会袖手旁观，试图阻止联邦德国加入北约。1955年5月14日，苏联建立了华沙条约组织①，其成员国包括苏联、波兰、

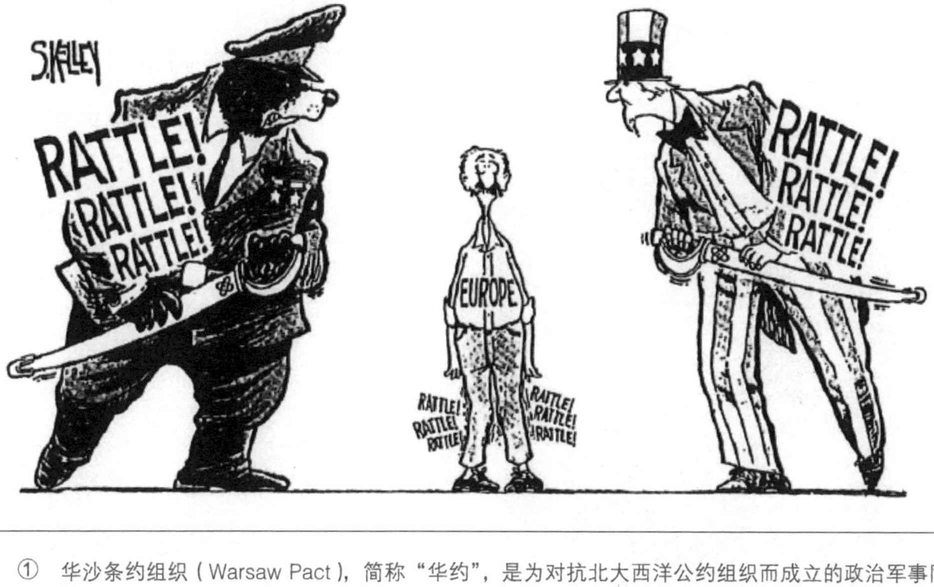

下图　一旦两个超级大国拔刀相向，欧洲人就开始双腿颤抖。这幅美国漫画反映了处于冷战中的欧洲境况。

① 华沙条约组织（Warsaw Pact），简称"华约"，是为对抗北大西洋公约组织而成立的政治军事同盟。——译注

捷克、保加利亚、罗马尼亚、匈牙利和阿尔巴尼亚。数月后，民主德国建立了“国家人民军”的第一支部队，1956 年，民主德国也加入了华约组织。

虽然苏联自 1949 年后已掌握了原子弹，但美国这时仍然觉得自己具有远超对方的优势，因而感到很安全；对方还缺少能够直接威胁到美国本土的远程导弹。可是，当苏联于 1957 年将一颗人造卫星成功送入太空轨道时，美国震惊了。因为这表明，对手现在已有能力攻击美国领土。这一“人造卫星惊吓”导致了新一轮的军备竞赛，但双方均未取得决定性优势。因此目前这种态势也被称作“威慑的均势”，两个超级大国都对军事行动采取谨慎态度。民主德国于 1961 年 8 月在东西柏林之间建起了一堵墙，对立双方的审慎态度首次表现出来。这堵墙是民主德国试图阻止其公民逃往经济更好、政治更自由的联邦德国而建的。尽管西方国家对此表示抗议，美国还派几辆坦克到了现场，但也仅此而已。官方认为，建柏林墙是“苏联权力范围内的事务”。

与此完全不同的情况发生了，苏联支持位于“美国家门口的”社会主义国家古巴，并在那里秘密地部署了导弹。1962 年 10 月 15 日，美国空中侦察机发现了导弹发射架，美国总统约翰·F. 肯尼迪（1917—1963）对此作出了激烈的反应：他宣布在岛国古巴四周实施海上封锁，调动军队进入战备状态，并向苏联党和国家最高领导人尼基塔·赫鲁晓夫（1894—1971）发出最后通牒，要求他立即撤出导弹。在长达 13 天

下图　修建中的柏林墙。人民警察正在密切监视着施工中的工人，以防工人趁机逃亡。在民主德国，柏林墙被官方称为“反法西斯防护墙”。

的时间里，世界在第三次世界大战的边缘徘徊。最后，赫鲁晓夫作出让步，下令将导弹撤出古巴。

古巴导弹危机是现代历史的一个重要转折点。两个超级大国都认识到，“强权政治”已经进入死胡同：任何国家都不可能使用核武器，假如它不想冒险毁灭自身以及整个人类的话。这就意味着，没有哪一方确信能够战胜对方。所有参与者都清楚，在相当长的时间里大家必须和平共处。一条“热线”在莫斯科和华盛顿之间建立起来，以便于在危机时刻双方能尽快达成谅解。与此同时，双方也开始试探性地尝试停止军备竞赛。于是，两个超级大国的关系也从攻击性的对立逐渐转向“和平共处”。

45.“第三世界”

在两次世界大战中，老牌欧洲殖民帝国失去了其在世界上的主导地位。1945 年后，民族解放运动空前高涨，殖民帝国纷纷瓦解，亚洲和非洲的大部分殖民地在不到 20 年的时间里先后取得独立。英国一般来说都以和平的方式，或至少以不流血的方式放弃了殖民地，而法国、荷兰、比利时和葡萄牙的殖民地则经过长期的、残酷的斗争才最终赢得了独立。

然而，这些新国家刚庆祝完独立就发现，他们面临着艰难的问题。所有领域都缺少专业人才：行政管理专家、工程师、医生以及教师。此外，在一些勉强促成的新兴国家里，很快就产生了种族、宗教和社会矛盾。比如坦桑尼亚，其国民由 120 多个部族构成，每个部族都有自己的语言和文化，各个部族之间的武装冲突持续不断。这就使本就困难重重的年轻国家的处境更为艰难。第一批政党和政府大多是从独立运动中产生的，他们主张社会革命和民主，力图消除社会不平等现象，并建立一种能够让部族的旧传统与现代成就相结合的社会主义社会。对此，尼日利亚女作家写道："我们在两种文明之间飘摇。"

不过，这种飘摇状态并没有长久持续下去。因为缺少民主的文化传统，独裁政权很快就出现了，一个政党、一个部族、一个军事委员会或某一个人就可以大权独揽。由于统治者往往只关心个人利益，人民就要为此承受长期的苦难。战争、内战、经济危机和贪污腐败，最终导致整个国家民不聊生。

对于这些国家发展成这种状态，那些工业国负有一定的责任。尽管自20世纪50年代以来，这些工业国家，尤其是美国，为这些国家提供了发展援助，但就像那些老殖民主义者一样，没有帮助这些新国家构建正常运转的组织机构，以使它们在经济上独立并具备生存的能力。对这些工业国来说，这些"发展中国家"首先是被当作原料产地和商品销售市场。

"冷战"期间，这些"发展中国家"被迫卷入了东西方冲突之中。东方阵营支持革命派及其政权，并试图借此扩大共产主义在世界的影响。而西方阵营，就如同美国前总统艾森豪威尔所言的"多米诺理论"①：假如一个国家倒下了，变成了共产主义国家，那么它就会引起连锁反应。西方要采用一切手段阻止它的发生。所以，即使是腐败的独裁者也要支持他，要恪守那句格言——敌人的敌人就是朋友。

如果美国认为有必要，也会直接介入战争。比如，20世纪60年代中期在越南，美国派出50万军队直接参与了一场侵略北越共产主义的残酷战争。美军的大规模轰炸给越南造成了巨大破坏，这引起世界各地人们，包括美国人在内的强烈抗议。越南战争让美国这个"无限可能的国家"有史以来第一次痛苦地体验到，

① 多米诺理论是由美国前总统艾森豪威尔首先提出来的。这一理论意在为美国加强对东南亚地区的扩张制造理论根据。人们常用"多米诺"来形容国际关系中出现的连锁反应现象。——译注

并非一切皆有可能。1973 年，双方签署了停战协定，美军虽然撤出了越南，但是战争仍然在进行。两年后，北越最终获胜，统一了南北两部分，并建立了共产党领导的越南人民共和国。但是，“多米诺效应”并没有出现。

在东西方的斗争中，为便于对原殖民地国家施加更大影响，人们引入了“第三世界”的概念，用以指称那些所谓的发展中国家。“第一世界”是指富裕的西方民主国家；“第二世界”是指东方阵营的社会主义国家。第三世界国家试图逐步地摆脱两大阵营的控制，以便于更好地追求自己的利益。1955 年 4 月，“两个阵营之外”的第三世界国家在印度尼西亚的万隆召开会议①，共同构想它们的未来。它们将要作为第三种力量干预世界政治，埃及总统纳赛尔、印度总理尼赫鲁以及南斯拉夫总统铁托是它们的领导者。尽管阵营之外的第三世界国家的数量众多，是更大的一个政治群体，但是第一世界和第二世界的国家却仍然是国际政治的主导力量。

46. 中东冲突

第二次世界大战之后，除了东、西、南、北之间的斗争之外，以色列和阿拉伯国家间的冲突也成为世界政治的持久议题。那么，其原因何在？

① 万隆会议是亚非 29 个国家和地区的代表举行的亚非会议。中国作为参与国参加了会议。——编者注

上图 1948 年 5 月 14 日，大卫·本·古里安宣布以色列国成立。墙上挂着的是西奥多·赫茨尔像。

19 世纪末，上述地区兴起了一个犹太民族运动。1896 年，记者西奥多·赫茨尔在他的《犹太国》一书中提出，犹太民族要在巴勒斯坦建立自己的国家，以便生活在世界各地的犹太人“返回锡安家园”。锡安是耶路撒冷城中一个山丘的名字，是犹太圣地的象征，很久以前犹太人就是从那里被罗马人赶走的。

20 世纪二三十年代，第一批欧洲犹太人迁往巴勒斯坦，其中许多人是为了躲避纳粹的迫害而逃亡的。第二次世界大战结束后，这里已经生活着约 40 万犹太移民。在巴勒斯坦定居的阿拉伯人认为，这些犹太移民是一种威胁，双方之间的冲突和恐怖袭击时有发生。为了解决这一问题，联合国于 1947 年作出决定，将巴勒斯坦划分为一个犹太国和一个阿拉伯国，使耶路撒冷成为一个国际性城市。但是，阿拉伯人认为，整个巴勒斯坦都是他们的国家，因而拒绝承认联合国的分割计划。犹太人接受联合国的决议，但是并没有耐心等到决议生效的那一天，而是于 1948 年 5 月 14 日宣布成立以色列国。各个阿拉伯邻国随即向以色列宣战。但是，由于他们没有共同的战争策略，并且在战场上各行其是，尽管兵力上有很大优势，仍然屡遭失败。在这场战争中，以色列得到的领土比联合国原计划分的版图扩大了三分之一。

在这场持续了十个月的战争中，最大的输家是巴勒斯坦的阿拉伯人，即巴勒斯坦人。约有 75 万巴勒斯坦人被迫流亡或被赶出了家园。从此以后，他们就生活在周围阿拉伯国家的难民营里，并且只有一个目的：消灭犹太国，返回自己的家园。以色列从一开始就把阿拉伯国家和巴勒斯坦人看作对他们生存的威胁。以色列能够坚守住，是因为背后得到了美国的支持，而苏联则支持阿拉伯一方。尽管如此，以色列在1956年、1967年和1973年的中东战争中不仅守住了自己的临时边界，甚至还占领了更多的领土。

阿拉伯国家不可能战胜以色列，巴勒斯坦就更做不到了。即使如此，它们也仍然坚持与以色列战斗下去，特别是利用爆炸行动。1959年，亚西尔·阿拉法特①试图将许多巴勒斯坦地下武装力量合并到“法塔赫”中来，并于1964年成立了巴勒斯坦解放组织（PLO）②，1969年阿拉法特成为该组织的主席。“巴解组织”想利用一些特殊手段引起世界对巴勒斯坦问题的关注，借此迫使西方按照它们的意志寻求解决之道。

70年代的缓和政策时期，“冷战”结束了，两个超级大国于是敦促其中东的盟友一起走到谈判桌上来。1977年，埃及总统萨达特前往以色列参加谈判，这在当时成为世界的头号新闻。双方最后签订了和平协议，以色列承诺，把1967年占领的西奈半岛归还埃及，而巴勒斯坦却没有从这份协议中得到任何好处，他们还要继续为之战斗。

当以色列在其占领区继续增建犹太居民点时，局势进一步变得紧张起来。1987年，“巴解组织”号召巴勒斯坦人进行“起义”（INTIFADA），这就意味着要全体巴勒斯坦人都起来公开反抗以色列当局。这种反抗运动发展迅猛，它明确地告诉世界，尽管世界局势总体正在走向缓和，但巴勒斯坦人的境况却没有任何改变。

美国进一步敦促巴以双方走向和谈，特别是几个石油储量巨大的阿拉伯国家威胁说，要停止向西方工业国家供应原油。于是，双方签署了多项协议，其中也包括与“巴解组织”签订的协议，该组织首次承认了以色列存在的合法性，巴勒斯

---

① 亚西尔·阿拉法特，巴勒斯坦政治家，军事家，巴勒斯坦前总统。——编者注

② 巴勒斯坦解放组织（PLO），简称“巴解”，或“巴解组织”，1964年5月在耶路撒冷成立。巴勒斯坦民族解放运动，简称“法塔赫”（Al-Fatah），1959年建立，是巴勒斯坦解放组织中最大的成员组织。——译注

坦国不再企图取代以色列国，而是愿意与之共存。而以色列也接受“巴解组织”为巴勒斯坦人的政治代表，并同意该组织在占领区内建立巴勒斯坦自治机构。不过，取得的这些进步却一再被双方后来的言行所破坏。尤其是阿拉法特无力阻止巴勒斯坦极端分子的恐怖袭击，而以色列指责说，阿拉法特根本就不想阻止。于是，针对这样的袭击，以方往往会采取更为激烈的报复行动作为回击。

中东冲突看似只关乎世界上相对较小的地区里两个民族的生存权利，但却具有世界政治意义，因为这场冲突已经导致那里的阿拉伯伊斯兰国家与西方世界之间产生了分歧。在伊斯兰国家内部也因政治分歧而长期战乱不止。伊拉克总统萨达姆·侯赛因，为了防止霍梅尼[①]的思想影响到伊拉克，萨达姆对伊朗发动了战争。伊拉克还进攻了邻国科威特，在美国开始干预所谓的“海湾战争”后，这场战争才在1991年结束。也就是说，一个西方国家帮助了一个阿拉伯国家。尽管如此，对几乎所有阿拉伯人来说，巴以冲突都是一块试金石，从中能看出西方与整个阿拉伯世界的关系如何。如果单方面支持以色列，就会被看作是对所有阿拉伯人的敌视行为，或者被怀疑背后隐藏着旧殖民主义的偏见。这样一种视角甚至会导致一种极端的观点，认为阿拉伯伊斯兰世界和西方已经处于战争状态。狂热的伊斯兰恐怖组织就是带着这种观念招募成员的，自从2001年9月11日纽约世界贸易中心大厦遭遇他们袭击后，西方至今惊魂未定。所以，不仅为了阿拉伯的石油，也为了自身的安全，整个世界必须关注中东冲突问题的解决。

---

① 阿亚图拉·霍梅尼，是1979年伊斯兰革命的政治和精神领袖。该革命推翻了伊朗国王穆罕默德·巴列维。——编者注

47. 中国，新超级大国

1949年10月1日，中华人民共和国宣告成立。新中国成立之初，百废待兴，困难重重。这个经济落后的农业国迫切地想走上现代化的道路。为此，他们需要帮助，这个帮助来自苏联，数千名专家被派往中国。按照苏联模式，物资的生产和分配由国家执行；优先发展重工业，目的是尽快同世界先进工业国家接轨；农业领域实施土地改革，大地主的土地被没收。这清楚地表明，中国在建设初期很多方面都在学习苏联。没收的土地被重新加以分配，并被纳入一个大集体，土地的经营管理则由几个村组成集体负责。不管是工业还是农业，在实践中都走了不少弯路。因此，1958年，“大跃进”运动开始了。农业和工业领域短缺的资金要用农村的劳动来弥补。在农村，建立了“人民公社”，旨在从事农业和手工业生产，满足社员的需求。妇女都要参加生产劳动，修建了托儿所、学校、食堂和集体宿舍，这样一来，以家庭为单位的群体关系就变得松弛了，以便于培养出共产主义新人。但是，“大跃进”并没有获得预期的成功。

1978年，中国对西方开放的政策又得到了进一步加强。中国利用西方的资本、机器和技术，并让个人积极性有了更大的活动空间。“中国的经济奇迹”出现了，年经济增长率超过了10%。在世界政治领域，中国也获得了越来越大的影响力。20世纪60年代，中苏关系破裂，这个世界人口最多的国家试图在超级大国之间寻找一条自己的路。1964年，中国进入核大国的小圈子，1972年中国成为联合国成员国。①

① 此处作者叙述有误，应为：1971年，中国恢复了在联合国的合法席位。——译注

自此以后，中国在联合国有了举足轻重的地位。不过，在通往新超级大国的路上，具有决定性意义的还是经济的发展。中国经济正在不断地增长。不管是轮船、汽车、高科技产品、玩具、服装，还是其他任何在世界市场上销售的东西，都是在中国这个“世界工厂”里生产出来的。

中国已经发展为一个经济巨人。2003 年，中国的出口额首次超过邻国日本，成为世界第二大经济体。这对中国人来说可谓意义非凡。2009 年，中国排在德国和美国前面，成为“世界第一出口大国”。在随后的几年里，中国一直保持着这个非官方的头衔。没有哪个国家能比中国向他国卖出更多的东西。由于商品进口远远少于出口，这为中国带来了巨大的贸易顺差。截至 2013 年 9 月，中国外汇储备已积累至 3.66 万亿美元。仅美国就向这个新超级大国借贷约 2 万亿美元。中国的政府首脑在一次讲话中就曾提及此事，提醒美国政府要按时还钱。国与国之间类似这样的事情也被称作“扇外交耳光”。这表明，刚刚跨入 21 世纪，权力转移已开始向中国一方倾斜。

下图 中国山东青岛商务港口工业码头。

中国不仅在经济上，而且也已经在科学和技术上成为超级大国，它的航天项目已向世人展示了这一点。2013 年 12 月 14 日，“嫦娥三号”航天器在月球上着陆。随后太空机器人巡视器“玉兔”就开启了它的首次探测之旅。新华社把这次的月球着陆描述为“民族复兴中国梦的一部分”。

48. 日本制造

日本的发展与其邻居中国完全不同。在第二次世界大战中失败以后，日本被美国占领。和联邦德国类似，它也经历了一个民主化过程，改革教育制度并取消了大地产。1947 年，日本制定了新宪法，实行议会民主制。虽然天皇仍然是国家首脑，但他已经不再拥有政治权力，他的地位仅限于是国家统一的象征上。经济重建则由美国提供慷慨支持，美国将这个过去的敌人视作它在东亚的一个重要基地。随着 1951 年和约[①]的签署，日本重新成为一个主权国家，并成为美国的盟国。1956 年，日本被联合国接纳为会员。在此期间，日本的经济开始飞速发展。“日本制造”的收音机、电视机、录像机、照相机、计算机、工业机器人以及汽车占领了全球市场。短短 20 年，经济的迅猛繁荣就使日本成为仅次于美国的世界第二大经济体。

外国投资者也想在日本的经济兴旺中大捞一笔。他们购买日本企业的股票、建筑用地和不动产。巨大的需

① 即《旧金山对日和平条约》，简称“旧金山和约”，是由第二次世界大战的 48 个战胜国与战败国日本于 1951 年 9 月 8 日在美国旧金山所签订的条约。——译注

要使价格越涨越高。越来越多的海外投资者以及许多日本人期待更高的利润，致使价格再次暴涨，与其实际价值不再相符。人们把这种情况叫作“泡沫经济”（Bubble-Economy）①。例如，在泡沫经济最高峰时期，位于东京都中心的皇宫公园的地价大约相当于加利福尼亚州所有土地价格的总和。

在数年的时间里，很多人从这种经济繁荣中获利丰厚，但是投机泡沫总有破裂的一天。这一天发生在20世纪90年代初期。为了挽救利润，投资者快速抛售手中的股票和不动产。这种抛售热潮，使股票和不动产价格下跌，而且下跌的速度比之前上涨时快得多。股票市场暴跌，不动产价值缩水四分之一。许多银行和保险公司纷纷申请破产，而其余的是由政府利用高额资金挽救才得以幸存。许多企业因此陷入危机，不得不解雇员工，大量人群失业。失业率甚至超过了5%，这对日本来说已经很高了，因为日本在之前很长时间里几乎全员就业。

由于日本人手里可支配收入减少，人们用于消费的支出也相应减少了，这就进一步加剧了危机。这种经济弱增长在20世纪90年代持续了较长时间，日本的这一段时期也被称作“失丢的十年”。日本政府试图利用价值数十亿美元的经济复苏计划来重振经济，但所期待的经济增长并没有实现。相反，日本的债务额急剧上升，成为全球最大的债务国。

保守的自由民主党（LDP）②面对发生的一切也一筹莫展，自1955年起，自民党几乎一直执政，中间只有短暂的间隔。某些自民党政治家的行为甚至让人觉得，好像国家是他们的。2009年8月的选举中自民党自食其果：他们丢失了在议会中超过半数的席位，从而变为在野党。民主党获得绝对多数席位，首次成为日本的执政党。

① 泡沫经济，是指经济运行状态像泡沫一样，繁荣的表面终究难逃破灭的结局。日本泡沫经济是日本在20世纪80年代后期到90年代初期出现的一种经济现象。根据不同的经济指标，这段时期的长度有所不同，但一般是指1986年12月到1991年2月之间的四年零三个月。——译注

② 自由民主党（LDP），简称“自民党”。——译注

上图 福岛核电站。

当“失丢的十年”所造成的损失似乎已渐渐弥补回来的时候，2011年3月却发生了震撼日本的双重灾难：大地震引发的海啸摧毁了乡村和城市，近2万人丧生。真是祸不单行，位于震区的福岛核电站也受到严重破坏。核电站的冷却系统失灵，发生核熔融，反应堆失控，放射物大量泄漏出来污染了周围的空气和水。起初管理者还试图低估灾难的影响，但是灾难的真实程度很快就显现了出来。方圆30千米内的超过20万居民不得不撤离家园，他们不允许再返回遭辐射的地区。

福岛核电站超级高危事故的发生，引发了世界各地的热烈讨论：是否还要继续利用核动力作为能源供应。德国、比利时和瑞士的议会于2011年夏就通过决议，将逐步放弃核能源。日本似乎也将要放弃核能源。但是，2012年12月自民党在大选中获胜并重新接管政府后，方针又发生改变：日本将长久依赖核能源，因为其他能源形式对日本来说都太昂贵了。2013年1月31日，原来已通过的放弃核能源的决议又通过法律形式撤销了。

不管使用还是放弃核能源，日本已经不再是20世纪80年代前那样的超级经济大国了。不仅是它的邻居中国，像韩国、新加坡或马来西亚这样的国家也从以前的“师父”那里学会了很多，他们往往能生产出更质优价廉的产品。因此，“日本制造”的产品在世界市场上已经不再如以前那样抢手。而巨量的债务则像一枚嘀嗒作响的定时炸弹，不仅对日本自身产生了威胁，也对全球的金融系统构成了威胁。

49. 东方阵营的解体

20世纪60年代中期，尤其是美国和欧洲各地的年轻人纷纷起来抗议越南战争。不过他们抗议的不仅仅是战争，从根本上讲，他们抗议的是父辈的政治、僵化的社会结构以及那个经济利益决定一切的世界。许多西方世界的年轻人表示，将与第三世界的民族解放运动休戚与共。他们希望自己国家的民主更富有活力，更关注基层民众。联邦德国社会民主党首任总理威利·勃兰特抓住这种社会氛围，于1969年在他的政府声明里承诺，将给国民更多的民主。

这种觉醒的氛围并没有在“铁幕”前停下。1968年春，捷克斯洛伐克发生了改革运动，并且将矛头指向了执政党。亚历山大·杜布切克当选捷共中央第一书记后宣告了新的执政目标：民主和自由。一种具有新面貌的社会主义即将诞生。世界各地的人都对“布拉格之春”抱有厚望，期待在资本主义和共产主义之间出现“第三条道路”。不过，这正是东方集团国家的当权者想要阻止发生的，他们担心“布拉格之春”的影响会蔓延开来，因为他们也相信“多米诺理论”。1968 年 8 月 20 日夜，华沙条约成员国的军队进入捷克斯洛伐克，结束了这场实验，并重新起用亲莫斯科的领导人。可是，坦克和铁丝网却无法阻止“布拉格之春”的结果和历史影响。

联邦德国总理威利·勃兰特的“新东方政策”在这场运动中发挥了重要的作用，它首先改善了与民主德国和其他东欧国家的关系。不过，这一政策带来的另一个后果是，东西方人之间的接触不断加强，这对于自由的传播非常有利。东欧人对得到更多消费品的愿望也日益增强。对“铁幕”另一边人们的生活水平了解得越多，他们对自己的生活处境就越不满。他们不想再长久地等待许诺的社会主义福音，想要尽快实现自己的愿望而不是在将来某一天。

对待这种情绪，聪明的共产党政治家秉持了审慎态度，并建议实施改革，以拯救整个体制。但是，那些思想僵化的“水泥脑袋”仍然占据着主导地位，他们认为，改革只是软弱的表现。1985 年 3 月，年轻的米哈伊尔·戈尔巴乔夫在莫斯科上台后，情况发生了改变。他坚信，共产主义国家若想还有未来，就必须实施改革。在美国总统罗纳德·里根的压力下，他的前任又开始了新一轮的军备竞赛，这耗费了国家巨额的

上图 米哈伊尔·戈尔巴乔夫。

资金，使苏联陷入艰难的经济困境中。因此，为了结束这种狂热的军备竞赛，戈尔巴乔夫刚上任就与里根接触。他想把有限的资金用于苏联的改革上。“改革”“创新”“公开”“透明”，这些成为那时的流行概念。但戈尔巴乔夫却走入一种两难境地，他想通过“自上而下的革命”使国家现代化和自由化，却不想放弃共产党的领导地位和国家对经济的控制。不久，批评的声音越来越多，要求继续深入改革的呼声也越来越大。随后发生的苏联共产党的迅速垮台则出乎人们的预料。

同样，其他社会主义兄弟国家也被允许各自独立制定政策，走自己的道路。这些国家里以前一直受到压制的反对派也要求改革，特别是波兰的“团结工会”。这个组织是1980年在天主教会的支持下成立的。起初它被禁止，后来转入地下继续活动，到了1989年它的势力之大已足以左右共产党的选举。波兰在一个东方集团国家第一次选出了多党政府。不久，匈牙利和捷克斯洛伐克也以波兰为榜样，东欧多国的共产党政权不得不逐渐让位于西方式自由选举产生的政府。

民主德国的执政者却强烈地坚持反对任何改革。党和国家领导人埃里希·昂纳克1989年下台前夕声称：“社会主义前进的步伐是任何牛和驴都无法阻挡的！”他不想看到，周围的社会主义阵营就此瓦解。但事物的发展却是昂纳克所无法预料的，尽管他直到最后仍然没有完全意识到这一点。1989年秋，声势浩大的游行队伍走上民主德国各个城市的街头，人们要求自由和民主。昂纳克被解除了职务，1989年11月9日，新任领导遵从了人民的选择：通往西柏林的边界通道打开了。1990年10月3日，两个德国重新统一到了一起。

尽管发生的所有这一切都应该感谢米哈伊尔·戈尔巴乔夫的政策，而且他也因此受到世界各地的欢迎，但是，他在自己国家内却面临越来越大的问题。1991年8月19日，甚至发生了由军队和党内反改革者发动的政变。他们拘禁了戈尔巴乔夫，并在莫斯科周围集结了3500辆坦克。以鲍里斯·叶利钦为首的民主派采取果断行动阻止了这次颠覆活动。叶利钦成为新的强力人物，他解散了苏共中央，并宣布成立俄罗斯苏维埃联邦社会主义共和国。随后，其他加盟共和国也以俄罗斯为榜样纷纷成立了，如此一来，“苏维埃社会主义共和国联盟”实际上也就解体了。

戈尔巴乔夫曾经试图阻止苏联的解体，但徒劳无功，最终不得不辞去总统职务。1991 年 12 月 31 日，苏联正式停止其存在，取而代之的是走上世界政治舞台的俄罗斯联邦。

在最初几年里，俄罗斯就关于国家未来对内对外的路线方针问题展开了激烈的争论。第一位民主选举产生的俄国总统鲍里斯·叶利钦想推行土地改革，将国家的大部分经济私有化。但是两者都行不通，俄国在混乱的处境下举步维艰。少部分人（其中有些是通过不正当的交易或者行贿受贿）变得富有或者超级富有，而许多人却失去了工作或者几个月拿不到工资。1998 年，局势进一步恶化，银行倒闭，账户被冻结，国家已无力偿还债务并且处于破产的边缘。叶利钦执政无力，1999 年 12 月 31 日宣布辞职，弗拉基米尔·普京成为他的继任者。普京利用宪法赋予总统的强力地位，力图让俄罗斯重新走上“正规”。他撤销了改革措施并加强国家对所有领域的控制，这是他多年以前在克格勃做秘密警察时学到的能力。多年的混乱状态终于又恢复了秩序，这让大部分人感到高兴。经济逐渐复苏，工作岗位越来越多，人们也按时拿到了工资。此外，普京还许诺，要让俄罗斯重新恢复世界强国地位。普京的威望日益上升，当他逐步扩张自己的权力时，最初遇到的阻力并不多。

根据俄罗斯宪法，八年后，普京不能再继续连任总统一职。于是，他做了一届总理，并于 2012 年 3 月重新当选总统。和他在第一个任期内的目标一样，除了巩固自己的权力，他还要进一步加强俄罗斯在世界上的地位。2014 年 2 月至 3 月俄罗斯部队接管了乌克兰的一部分领土，这让世人看到，他的目标究竟实现了多少。那么，究竟发生了什么呢？

2013 年 11 月，欧盟和乌克兰准备就双方在经济上和政治上的紧密合作签署一项协议。由于普京想把乌克兰与俄罗斯紧紧地拴在一起，乌克兰总统维克托·亚努科维奇迫于普京的强大压力在最后关头拒绝在协议上签字。亲西方的势力开始抗议，尤其在首都基辅发生了大规模的游行示威活动，总统针对示威采取了强硬措施。但是，抗议活动已经无法被阻止。首都基辅市中心独立广场上的示威活动发展为暴乱，最终维克托·亚努科维奇逃亡俄罗斯。在随后的数周内，发生了类似内战的动乱，示威者、警察和士兵均有死伤，对于这次暴乱的责任问题，至今仍存争议。国际社会希望出现一个乌克兰过渡政府，并尽快于 2014 年举行大选，以便于让乌克兰局势重归稳定，而就在这时普京却采取行动了：就像玩一场让人一眼就能看穿的权力游戏，他派俄罗斯军队前去具有重要战略地位的克里米亚半岛上平息骚乱，而其理由是在那里生活的俄罗斯族裔平民受到了威胁。2014 年 5 月，正在本书就要付印之际，克里米亚被宣告为俄罗斯领土。随后，在同样生活着许多俄罗斯族裔的乌克兰东部又上演了类似的一幕。美国和欧盟警告俄罗斯不要再继续军事干预乌克兰，但是除了经济制裁，西方也不能贸然行事，它们不想因此卷入大规模军事冲突。一想到有可能因此引发一场新的“冷战”，许多西方政治家就开始心惊胆战，像普京这样的强权政治家对此也心知肚明。目前，没有人知道，乌克兰冲突将如何结束。

50. 通往欧洲之路

随着两德统一，“德国问题”算是解决了。为了给邻国和世界传递一个信号，让人们不必害怕一个变大的德国，联邦总理赫尔穆特·科尔便为实现一个统一的欧洲而加紧奔走。不会再有那个偶尔会如幽灵般在某些国家媒体上出现的“第四帝国”。

1991 年 12 月，12 个国家和政府首脑在马斯特里赫特[①]通过决议，要把欧洲共同体改组为欧洲联盟。以前那个以经济为主的共同体应该逐步发展为一个政治联盟，欧洲内部市场将成为拥有一个欧洲中央银行和一种统一货币的经济和货币联盟。之后，人们还想继续引入一种共同的外交和国家安全政策，目的是将来某一天会建立一支欧洲军队。为了使国家间的对内政策和法制政策也有更紧密的联系，也要制定相应的规则。由于这一切意味着需要让渡部分主权和独立，所以这些国家内部都为此展开了热烈的讨论。丹麦人甚至在一次全民公决中以微弱多数否决了条约，这实际上也意味着这个计划以失败告终。经过多次谈判和妥协后，在第二次全民公决中，丹麦人才以 56.8% 的赞成票通过了决议。1993 年 11 月 1 日，《马斯特里赫特条约》正式生效。

各成员对条约的基本原则达成了广泛的一致意见：联盟进程的最终目标是形成一个欧洲合众国。至于通过何种途径以及何时达成这个目标，意见并不统一。欧洲议会和欧盟委员会充当着一种欧洲政府的角色，对于是否应该让其拥有较大范围的权限，各国政府和议会还有所顾忌。尽管需要和其他成员国协调，他们还是更愿意自己决定自己的方针政策。

1995 年 1 月 1 日，芬兰、奥地利和瑞典这三个国家也加入了欧盟。1999 年 1 月 1 日，欧盟的 15 个成员国中的 11 个国家开始采用新的货币——欧元，起初只是作为计算单位。不过，这种货币真正拿到手上是三年以后的事情了。虽然 2002 年 1 月 1 日开始的货币转换进展得非常顺利，但是许多欧洲人还是怀念以前的硬币和纸钞。民主德国人民有这样的情绪也是特别容易理解的，因为他们 12 年内又不得不第二次换另一种货币，需要重新适应一种新货币；联邦德国人民则想念他们以前那坚挺的德国马克，不久就开始大

① 马斯特里赫特，荷兰东南部城市，位于马斯河畔、靠近比利时边境。1991 年 12 月 9 日到 10 日，第 46 届欧洲共同体首脑会议在这里举行，通过并草签了《欧洲经济与货币联盟条约》和《政治联盟条约》，统称《欧洲联盟条约》，即《马斯特里赫特条约》。——译注

声抱怨这种“昂贵的欧元”。

除了共同的货币之外，还应该有一部宪法作为“欧洲之家”的基础，为此成立了一个宪法起草委员会。但很快就发现，说起来容易做起来难。2003年12月举行的首次宪法草案政府会议以失败结束，因为在许多重大问题上，大国、小国、穷国、富国、核心欧洲成员和新成员之间存在的分歧太大，所以大会不得不修改草案。

2004年5月1日，欧盟又将波兰、捷克、匈牙利、斯洛伐克、斯洛文尼亚、立陶宛、拉脱维亚、爱沙尼亚、马耳他以及塞浦路斯接纳为成员国。柏林墙和“铁幕”倒塌15年之后，这个所谓东扩运动终于结束了1945年由同盟国决定的欧洲分裂。

不过，并没有到此为止，2007年1月1日，罗马尼亚和保加利亚加入，2013年7月1日，克罗地亚也被接纳为成员国。

就这样，欧盟囊括了一个生活着5亿人的庞大经济圈，其人口数量远远超过美国的3.2亿。而且还有冰岛、黑山、土耳其、马其顿和塞尔维亚这些候选国家正在准备加入。哪些国家、什么时候能够加入，这取决于其经济和政治状况。欧盟的目标是，把民主和市场经济向欧洲东部和东南部扩展，而且还要促进这一地区的政治稳定。

2004年6月，欧洲公民允许参加欧洲议会选举了。不过只有43%的有选举权的选民参加了投票，而且10个新成员国参加投票的人数明显低于老成员国。引人注意的是，大多数国家的执政党都受到了“惩罚”，而那些对欧盟持批评意见的政党却令人吃惊地获得了许多选票。

选举结束几天后，25个国家和政府首脑一起开会，讨论由宪法起草成员提交的宪法草案。经过长久的讨论之后，代表们终于达成了一致意见，第一次为欧盟内的所有人规定了共同的基本权利，欧洲议会应该获得更多权限，欧盟委员会主席和委员仍然由各国政府委任。

引起激烈争论的是表决程序，因为大国有更大的影响力，但是那些小国不仅只想参与，也想决定。“双重多数制”的妥协表达形式听上去也相当复杂：要作出一项决议，必须经55%以上的成员国且至少15

个国家的同意。除此之外，他们还必须至少代表欧盟人口的65%。若想否决一项决议，必须至少有四个国家提出。

设立了欧盟外交部长的职位，负责制定和实施欧洲的外交与安全政策。欧盟外交部长同时还是欧盟委员会副主席，因而是欧盟的二号人物。

这个宪法草案提交给了成员国议会做表决，只有当所有代表都同意后，草案才能生效。但是并没有那么顺利，因为法国和荷兰在2005年5月的全民公决中否决了欧盟宪法。之所以如此，是担心会因此形成一个强大的欧洲官僚机构，也担心太多的欧洲成员国会组成一个集合体，这个新的集合体会对欧洲人旧有的身份认同构成威胁。

原计划的欧盟宪法未获通过，这之后，为了使当时拥有27个成员国的欧盟更加民主并更加有行动能力，政治家们便寻求新的出路。首先，“宪法”这个概念被放弃了，目的是想表明，欧盟不应该像国家一样。因此，只能是以“条约”的形式作为新的基础。在这个条约中，宪法草案里的核心内容都被保留下来，某些内容或者干脆只是变换了一下表述方式。比如将“外交部长”表述为“负责外交关系和安全政策的高级代表”。

为了能更快地作出决定，一般情况下将执行多数制原则，而之前必须一致通过才行。这个条约也必须提交所有成员国表决通过。为此，有几个国家激烈讨论了两年之久，并且有时让人觉得，爱尔兰和波兰好像不会同意这个条约。经过旷日持久的谈判，人们终于就几个争议问题达成了一致，2009年12月1日，《里斯本条约》正式生效。

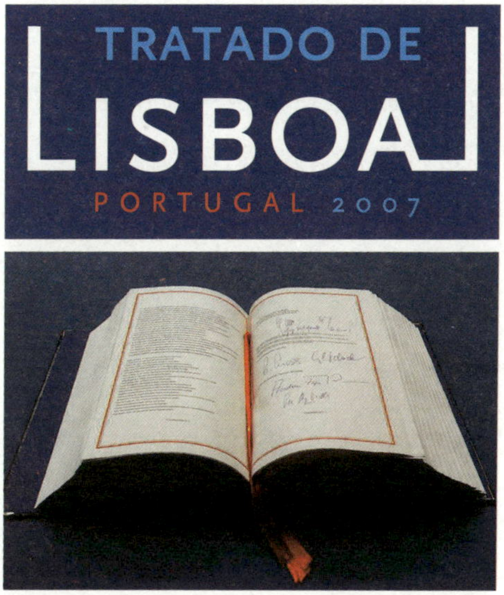

上图 《里斯本条约》虽然不以“欧盟宪法”命名，但是它以另一种方式行使欧盟宪法的功能。

完全出人意料的是，欧盟获得了2012年度诺贝尔和平奖，获奖理由是："欧盟在将战争频发的欧洲大陆变为一个和平大陆的过程中所扮演的稳定角色…… 欧盟及其先驱在过去的60年里为促进和平与和解作出了贡献。自1945年后，这种和解已然成为现实。"

51. 美国，自封的"世界警察"

苏联解体之后，美国就被视为世界上唯一的超级大国，甚至有人说它是一个超级巨无霸。对美国领导层来说，"强权政治"比以前更有诱惑力。总统比尔·克林顿并没有屈服于这种诱惑。虽然在他眼里美国的国家利益高于一切，但是他还是"富于责任心"地利用美国的这种强大势力，与其他国家一起"维护"危机地区的稳定，有时成功，有时就不那么成功。

其中一个危机地区就是前南斯拉夫。第二次世界大战以后，这里的许多民族组成了一个国家，在共产党的领导下一起生活。塞尔维亚人作为其中最大的民族群体一直要求自己的领导权。1991年，随着东方阵营的解体，马其顿、克罗地亚、斯洛文尼亚以及波斯尼亚—黑塞哥维那纷纷宣布独立。这让塞尔维亚人无法接受，双方在随后的数年里总是不断地发生流血冲突。

1995年11月，美国总统克林顿成功地把这些国家的政府首脑带到谈判桌上签署了一份和平条约。虽然已达成停火协议，但是不同族群之间的关系却仍然保持敌对。科索沃的局势越发动荡。很久以来，那里的20万塞尔维亚人统治着200多万阿尔巴尼亚人。后者不想长期忍受这种局面，并向总统斯洛博丹·米洛舍维奇领导下的塞尔维亚中央政府要求更大的自治权。阿族和塞族矛盾日益尖锐，双方冲突不断升级，直至发展为武装冲突。1999 年 2 月，最终在以美国为首的北约的压力下，塞尔维亚和科索沃阿族代表举行谈判。由到塞尔维亚拒绝在协议上签字，于是，1999 年 3 月至 6 月，北约便派飞机轰炸了塞尔维亚在科索沃的军事设施，并逼迫米洛舍维奇撤军。随后，驻科索沃国际维和部队负责监督达成的协议的实施。米洛舍维奇由于“反人类罪”而被海牙国际法庭起诉。诉讼过程持续了四年半，还没有出判决结果，米洛舍维奇就死在了监狱里。①

南斯拉夫地区各个不同族群之间，若要实现和平相处的目标，看来还有很长的路要走。

2001 年 1 月，共和党乔治·W. 布什取代了民主党比尔·克林顿，成为新任美国总统。不久，美国政治方针的改变就显现了出来：新政府明确表示，假如国际条约和规则不符合美国自身的利益，那么它们对美国就不具有约束力。比如，美国拒绝承认以追究战犯和伤害人权为宗旨的海牙国际法庭。1998 年，120 个国家在协定上签了字②，克林顿代表美国签字。小布什政府解释说，克林顿的签字无效，美国公民不应该站到国际法庭面前受审。

这符合小布什及其政府的观念，认为美国不是其他任何国家，而是一个拥有特殊权力的特殊国家。在西点军校学生面前，小布什解释了其政治信念：“国家成功只有一种持久的模式，那就是美国模式。它适用于所有人和所有社会。”因此，“美国有权力去推翻任何一个对美国安全构成威胁的政府”。在美国企业界人士面前，他谈及文明世界的历史时声称：“这部历史的一部分是由

① 2006 年 3 月 11 日，联合国前南斯拉夫问题国际刑事法庭宣布米洛舍维奇当天在荷兰海牙附近的联合国监狱里去世。4 月，荷兰海牙地区检察机关公布了对米洛舍维奇死因调查的最终报告。报告排除了他被毒死的可能，确认其为自然死亡，死因是心肌梗死。——译注

② 1998 年，120 个国家在罗马签署协定，决定成立国际刑事法庭，以对犯有战争罪行的人进行审判。但美国方面认为，只有美国法庭才有权审判自己的公民和军人，并想方设法与一些国家签署“不向国际法庭引渡美国公民”的协定。——译注

别人书写的，而其余部分将由我们书写。”

这部历史的第一章美国献给了伊拉克，美国小布什总统想在那里完成其父未竟的事业。1991 年，乔治·布什总统发动了海湾战争，最终却没能用推翻萨达姆·侯赛因政权来结束那场战争。这一章的开始与小布什政府计划的完全不同，因为美国本土这次成为被攻击的目标，这在历史上还是头一遭：2001 年 9 月 11 日，阿拉伯自杀式恐怖分子劫持飞机撞向纽约世界贸易中心大楼，造成 3000 多人遇难。美国总统将其视为对美国的宣战，并立即宣告“将启动针对国际恐怖主义的远征”。毫无迟疑，大多数西方政府向美国作出承诺，“将与美国休戚与共”。

这次针对恐怖主义的首要目标就是为恐怖分子提供庇护和支持的阿富汗塔利班政权①，特别是恐怖组织“基地”（AL-Qaida）②，其首领便是宣称为 9·11 恐怖袭击负责的乌萨马·本·拉登。在针对本·拉登的战争中，美国得到了许多国际支持。但是，当小布什总统宣告其下一个战争目标是伊拉克独裁者萨达姆·侯赛因及其政权时，统一战线分裂了。联邦德国总理施罗德与法国总统希拉克站在一起，力主使用和平手段解除伊拉克的武装，以阻止战争爆发。

美国为其战争目的提出的理由是，伊拉克拥有大规模杀伤性武器，并且为国际恐怖主义活动提供支持。所以，萨达姆政权对所有爱好和平的国家构成了威胁，必须被推翻。必要时，美国将不经联合国授权也无须北约帮助而单独采取行动。

经过长达数月的外交斡旋，美国仍然无所顾忌地推行其强权政治，其主要支持者是英国。2003 年 3 月 20 日，尽管有世界各地的反对声音，小布什总统还是下达了进攻的命令，伊拉克战争就此开始。面对强大的美

① 塔利班（Taliban，意为“伊斯兰教的学生”），是发源于阿富汗坎大哈地区的宗教激进主义运动组织。——译注

② “基地”组织（AL-Qaida，意为“基地”），是一个伊斯兰教军事组织，该组织于 1988 年苏联入侵阿富汗后期创立，创立者是沙特阿拉伯富商乌萨马·本·拉登。——译注

上图 9·11恐怖袭击中，一架被劫持的商用飞机撞向五角大楼的西南角。图为紧急救援人员正在实施救援。

军攻势，伊拉克只是做无望的挣扎，到了5月1日，小布什就宣布“主要军事行动已经结束”。

伊拉克部分民众把美国士兵看作解放者并表示欢迎，而另一些人则把美军看作占领者，他们开始了针对美军的地下抵抗。这种地下抵抗活动造成的美军士兵伤亡要大于其“主要军事行动”中的伤亡。美国和英国政府不得不承认，赢得战争比给这个国家带来有秩序的和平要容易得多。两国国内批评的声音越来越大，尤其是经过努力寻找也没有在伊拉克找到大规模杀伤性武器，如今我们知道，实际上本来就没有。此外，有关伊拉克与恐怖分子的关系也没有找到证据。

独裁者侯赛因在战争结束时就无影无踪地消失了，2003年12月14日，他被发现躲在一个地洞里，并被逮捕。但是，伊拉克的局势并没有因此而发生改变。

2004年春，世人皆知，美国士兵虐待并拷打俘虏。之前标榜远征的理由是为了惩治所谓流氓国家，而这种高尚的道德要求如今已所剩无几。德国的《时代周报》如此评价美国总统的政策："不管是在政治上、军事上还是道德上，他的策略均已彻底失败了。"小布什政府不得不承认，伊拉克的重建需要其他国家的支持。在这种情势下，美国总统向联合国求助。

2004年6月8日，联合国安理会通过决议，美军当月应该结束对伊拉克的占领，并将主权归还伊拉克。第一步就是要设立一个伊拉克过渡政府，以便于重启国务并准备民主选举。伊拉克的不同派别用爆炸袭击和劫持来表达对这一计划的反对。伊拉克人的主要目标是，与美国人合作共同建设新伊拉克。

就在这一困难时期，美国总统竞选开始了，大多数观察家认为，伊拉克战争失败的代价是让乔治·W.布什丢掉总统职位。民主党议员约翰·凯利似乎要成为白宫的新主人。尽管小布什的政策广受批评，但是最终对挑战者的怀疑还是大于对现任总统的怀疑。乔治·W.布什以51%的得票率又一次当选美国总统。

2005年1月，小布什在其就职演说中声称，他的政策目标是，"结束世界上的专制统治并维护美国的自由，因为任何其他国家的自由都与此息息相关"。但是，他的同胞对于这种传统的使命感以及由此引导出的"世界警察"角色日益产生怀疑。对大多数美国人来说，在伊拉克和阿富汗被杀的近7000名士兵本身就是一种过于高昂的代价。此外，卷入这两个国家的政治冲突也让美国付出了约1.5万亿美元的费用，从而进一步推高了美国的国家债务。2007年金融危机爆发后，债务数额继续攀升。因为用于国内改革的资金短缺，越来越多的美国人要求美国政府关心本国自己的事务，尽量少参与世界事务。2008年参加总统竞选的民主党候选人巴拉克·奥巴马对

上图 巴拉克·奥巴马，他是美国第一位黑人总统。

此作出了承诺。“改变”，这是他给选民传递的一个核心理念，“我们一定能！”这是他时常挂在嘴边的竞选口号。他利用演讲来鼓舞和动员那些普通民众，参选人数之多前所未有。2008 年 11 月 4 日，奥巴马以明显得票率优势入主白宫，成为美国历史上首位黑人总统。马丁·路德·金在他的著名演讲“我有一个梦想”里，曾经提出所有美国人应该权力均等的要求，45 年后，在数百万美国人眼里，他的这一梦想已经成为现实。对许多人来说，奥巴马作为一个富于新鲜活力的政治家将会带领美国走向和平与正义的未来。

然而，奥巴马却没能或只是部分地实现了这些伟大的希望和期待。尽管他就职后不久就宣告，要在 18 个月内全部撤出驻伊拉克美军。但是，2009 年，他又向阿富汗和巴基斯坦先后派出了 1.7 万和 3 万名士兵，目的是继续加强对塔利班和“基地”组织的打击。他消减国债的许诺也由于金融经济危机而无法兑现。相反，数目繁多的援救项目更使得债务数额上升到前所未有的高度。在这样的形势下，他还想努力实现他最重要的社会政策目标——推行医疗改革。每个公民都要参加医疗保险，谁若付不起医保费用，他便可以得到国家的资助。这项被称作“奥巴马医改”（Obamacare）的医疗改革方案在特别保守的共和党眼里就是“社会主义的魔鬼事业”，必须坚决与之斗争，采取何种手段都在所不惜。由于共和党在众议院里占多数，他们威胁说，如果奥巴马继续坚持推行医疗改革，他们就不再同意给奥巴马钱了。就这样，到了2013年年末，地球上最强大国家的政府即将面临的处境是，预定的国家支出和职工薪水均无钱支付了。经过相互妥协总算渡过了这一难关，2013年10月1日，“奥巴马医改”终于实施了。不过，这无助于恢复奥巴马的声望，民众当初对他走马上任的欣喜已经所剩无几。

美国在国外的形象也同样令人失望，因为事实表明，美国秘密警察在奥巴马执政期间监视国外的通信和网络时，不仅监视“敌对国家”，而且也监视自己的盟国。其尺度已远远超乎人们的想象，甚至德国总理安格拉·默克尔的手机都受到窃听。

这个秘密被揭露后，不仅引起一片哗然和愤怒，而且在世界范围内引起人们对秘密警察“允许做什么，不允许做什么”问题的广泛讨论。秘密警察不允许滥用现代技术带来的各种可能性，不能为所欲为地监视一切。

对此，奥巴马表示赞同。“国家安全局（NSA）[①]应该收集它所需要的一切情报。不过，它不能收集一切它能够收集到的情报。”问题是，由谁来决定它应该收集哪些情报，由谁来监督秘密警察，因为在一个民主国家里，它必须接受监督也是不言而喻的事情。

---

① 国家安全局（National Security Agency，简写为NSA）是美国政府机构中最大的情报部门，专门负责收集和分析外国及本国通信资料，隶属于美国国防部，是美国情报机构的中枢。——译注

52. 和平尚未在望

2003年春，中东政治又有了新进展。在联合国、美国、欧盟和俄罗斯的倡议下，拟定了一个以色列与巴勒斯坦之间的所谓通往和平的“时刻表”。经过几个阶段之后，到2005年，“应该建立起一个独立的、具有生存能力并拥有主权的巴勒斯坦国，它将与以色列和睦相处”。其前提条件是双方均放弃暴力。以色列停止建造犹太人定居点，巴勒斯坦国以民主为基本原则举行自由选举。以色列逐步从加沙和约旦河西岸撤出其士兵。最终要为已经定居在那里的以色列人、巴勒斯坦难民和耶路撒冷找到一个解决方案。

阿里埃勒·沙龙领导下的以色列政府赞成这一和平方案。这也是以色列政府有史以来第一次正式接受建立一个巴勒斯坦国。作为回应，巴勒斯坦政府首脑马哈茂德·阿巴斯承诺，将呼吁他的同胞停止针对以色列的暴力活动。但是，就像从前常常发生的那样，巴勒斯坦激进分子却用袭击以色列设施作为对和平计划的回应，造成四名以色列士兵身亡。尽管如此，令世界惊讶的是，两周后，巴勒斯坦领导机构法塔赫、哈马斯和杰哈德还是宣告立即停火。为贯彻实施国际和平计划，他们和以色列一起迈出第一步。以色列从北部加沙地带撤出军队，并释放大约8000名巴勒斯坦俘虏中的一部分。2003年8月，三名自杀式袭击者造成25名以色列人死亡，这一进程又被打断了，暴力的螺旋重新转动起来。作为回击，以色列袭击了多个巴勒斯坦武装机构的大本营。2004年3月22日，以色列士兵杀死了哈马斯首领亚辛，其继任者兰提斯也于一个月后被杀。5月18日，以色列启动了“彩虹行动”，以色列政府在南部加沙地带对来自埃及的武器走私团队和巴勒斯坦激进分子展开了打击。尽管遭到国际社会的抗议，以色列人仍然我行我素，炮击并摧毁了巴勒斯坦人的房屋，造成大量死伤，其中也包括儿童，2000多人因此无家可归。

以色列还要在以色列与约旦河西岸之间修建一堵高墙，这也同样遭到国际社会的抗议。这一堵长达680公里的防护墙是用来防止巴勒斯坦恐怖袭击的。但是，要达到此目的，去做其他事情要比建这堵8米高的墙更有必要。

尽管困难重重，2004年11月11日，出现了一个新的机会。这一天，阿拉法特去世，终年75岁，一个时代就此结束。在过去的40年里，他对中东政治产生了决定性的影响。巴勒斯坦人崇敬他，但是在最后几年里批评他的声音越来越多，认为这个一意孤行的老人将巴勒斯坦人的事情拖入了死胡同。在他的“自治当局”内，他任人唯亲，腐败盛行。因此，当务之急就是确立新的领导，“永恒的阿拉法特”之死为此铺平了道路。2005年1月10日，马哈茂德·阿巴斯以绝对多数票当选巴勒斯坦总统，成为阿拉法特的继任者。这位

下图 以色列与约旦河西岸之间的界墙，图中墙前方一侧为耶路撒冷。

新人很早前就与恐怖活动保持距离，并表示反对“武装暴动”。人们选他，是因为他想要和平。

阿巴斯刚当选，就从各方传来积极的信号：美国总统小布什承诺，要帮助巴勒斯坦人实现目标。欧盟答应将提供财政援助。而更为重要的是，阿里埃勒·沙龙愿意与巴方会谈。一个月后，双方会谈在埃及举行，积极的结果出人意料：沙龙和阿巴斯坚决表示，要结束中东地区的流血冲突。停火和释放囚犯为新的谈判敞开了大门。双方发表了联合声明：“我们达成了一致，巴勒斯坦将停止一切针对以色列的暴力行动，以色列也将结束一切针对巴勒斯坦的军事行动。”阿巴斯在国际媒体面前又补充道：“这是一个新时代的开始。”

然而，所言与所行往往难以一致。和平进程又一次受挫，因为巴勒斯坦人不再用同一个声音发声了。为了争夺统治地位，阿巴斯领导的温和派法塔赫与激进的哈马斯之间争得越来越激烈。2006 年 12 月，双方在约旦河西岸和加沙地带开始了类似内战的武装冲突，冲突持续了半年。哈马斯控制了加沙地带，约旦河西岸成为法塔赫的地盘。法塔赫还准备继续与以色列谈判，而哈马斯则否认那个让他们痛恨的国家有存在的权利，他们要与之斗争到底。2008 年 12 月 27 日，以色列启动“铸铅行动”予以回击，目的是摧毁哈马斯的军事设施并削弱其组织，以使其不得不放弃战斗。虽然双方已宣布停火，但是这并非真正的和平。

美国新任总统巴拉克·奥巴马于 2010 年提出的倡议也毫无结果。2012 年，哈马斯的火箭弹和以色列的炮弹重新向对方飞去。

2013 年，美国政府又试图将巴勒斯坦和以色列拉回到谈判桌上。近三年来双方的确又开始了对话，不过好景不长，2013 年 11 月巴勒斯坦就终止了对话，因为以色列宣告将继续在约旦河西岸和东耶路撒冷修建犹太人定居点。

这期间有不少中东问题专家认为，两个国家的解决方案和持久和平都难以在短时间内成为现实。因为双方都想暗中把自己的意志强加于对方，他们对真诚的谈判毫无兴趣。只要这种情况没有改变，和平也就无从谈起。

53. 世界经济危机

“美国一咳嗽，欧洲就会感冒。”这是一句经常被引用的证券交易专业人士的名言。在全球化时代，我们必须扩大它的范围：“美国一咳嗽，全世界就会感冒。”2007年始于美国的金融危机最后发展成波及整个世界的经济危机，充分证明了这句话。

危机的起点是2000年的股市崩盘，股市的技术指标暴跌，许多投资人损失惨重。他们的购买力下降，企业的产品压在手里无处销售，不得不关闭，侥幸活下来的企业也不得不裁员。社会失业率上升，经济开始萎缩。为了重新促进经济增长，美国央行就向市场投放新货币，并逐步降低利率，从7%降到1%。由于信贷政策变得前所未有的优惠，许多人便贷款消费，而银行则想从中获利，于是就大量发放贷款。这些贷款不仅限于用于购买日常消费品的小额贷款，而且还有用于购买或建造房屋的大额贷款。在这个过程中，银行变得非常慷慨，即使针对那些收入较低缺乏还贷保障的顾客也是如此。某些情况下他们甚至是强行把贷款推销给顾客，并向顾客许诺，多少年后他就会从中获利。通过这样制造出来的高需求，不动产价格就会上升，账目上的钱似乎也会随之上升。在这种情况下，通常总会有许多人想从不动产繁荣中获利，其他国家的银行也是如此。于是它们就会通过基金和证券直接或间接参与这场交易，其投资额有时也会相当大。这样就会发展出一种不动产泡沫，当中央银行重新大幅上调利率时，泡沫就会破裂。如此一来，数百万的美国人就没有能力偿还贷款了。于是，银行就会强制拍卖房产，但是由于数量太多了，一时找不到那么多买主，即使能找到买主，也会以非常低廉的价格出售。

那些参与投资的银行所遭受的损失高达数十亿美元。起初，它们还试图隐瞒损失的数额，但是到了2007年夏，关于几个美国银行亏损的传言越来越多。不动产价值继续下跌，银行的损失日益加剧。纽约的投资银行贝尔斯登①就是其中之一，2008年3月10日，它还辟谣说那些问题“纯属子虚乌有”，四天后，它不得不承认，它已经没有支付能力了。为了阻止银行破产，大银行摩根士丹利②廉价收购了那些小银行，而且收购条件是，贝尔斯登高达300亿美元的损失风险必须由美国纽约联邦储备银行承担。

下图　**此房降价出售。金融危机期间这类售房招牌在美国随处可见。每个招牌背后都有一段故事，而且可能是一段悲凉的故事。**

① 贝尔斯登公司(Bear Stearns Cos.)，成立于1923年，总部位于纽约，是美国华尔街五大投资银行之一。——译注

② 摩根士丹利（Morgan Stanley）,1935年成立于纽约，是美国华尔街五大投资银行之一，在全球27个国家的600多个城市都设有代表处。——译注

直到2008年9月15日，美国和欧洲的其他“问题银行”都经历过类似的过程。在这一天，投资银行雷曼兄弟公司由于无支付能力而申请破产保护，因为美国政府和美联储拒绝继续挽救另一家牵涉数十亿美元债务的银行。

造成的后果是戏剧性的：世界证券交易市场的股价暴跌，几乎每天都有银行和保险公司申请破产保护。银行之间的不信任日益加剧，它们相互之间不再借贷，资金流停滞了，整个世界金融系统面临崩溃。为了阻止这件事发生，必须不惜代价地挽救银行和保险公司。为此，美国政府提供了7000亿美元援助，德国政府用5000亿欧元制造了一个“救护伞”。其他国家的政府也不得不拿出巨额资金来阻止银行破产。

在此期间，人们也越来越担忧自己在银行的存款。政府试图安抚民心。比如德国总理默克尔及其财政部长就于2008年10月5日星期日在媒体面前承诺：“德国的储户们不必担心，你们在银行里的存款1欧元也丢不了。”虽然这种国家担保并没有法律基础，但这无论如何能够防止发生银行挤兑的情况。否则，那些形势稳定的银行也会陷入困境。

上图 股票投机者的失业和绝望——伴随股市崩盘而来的现象。

通过投入必要的资金，受波及国家的政府最终成功地阻止了世界金融系统的崩溃。但是，谁都无法阻止危机向“实体经济”蔓延，并最终形成世界经济危机。世界上数百万人在这次世界经济危机中损失惨重，不得不节衣缩食。其他人的消费也趋于谨慎，因为他们对未来忧心忡忡，缺乏安全感。消费减少，企业得不到用于投资的贷款，原本的投资计划也被中止了，因为投资前景很不明朗。这一切导致的后果是，从2008年春至2009年春工业生产总值，欧元区缩减了20%，美国缩减了12%。其他许多国家的数值与此类似。这种情况在第二次世界大战后还未出现过。

面对这种局势，为了重新振兴国内经济，政府所能做的也只有实施大量的经济复苏计划。2009年2月11日，美国政府就开始行动了。投资计划数额惊人，7870亿美元的投入将创造350万个就业岗位。其他国家也紧随其后，投资总额达2万亿美元。此外，美联储也向市场投放了巨额贷款，基准利率逐步降至历史低点，接近于0。所有这一切措施阻止了经济大崩溃，并使得经济慢慢复苏，尽管每个国家情况各异。不过，取得的成就是用真正意义上的高昂代价换来的。为此，大部分国家的负债堆积如山，其数额之高难以想象。没人知道，这个债务何时能够偿清。这种刺激政策使现在的钱变得前所未有的便宜，于是银行又大量发放带有风险的信用贷款，金融世界出现了各种高风险的证券和基金产品，其中一部分甚至用于真正的赌博。这一切又让人想起2007年前的情景，所以越来越多的人开始发出警告，让人们警惕下一次泡沫的破裂。

54. 欧元危机

由于金融危机、经济危机和国家债务危机，欧盟面临自成立以来的最大挑战。因为他们面临一个棘手的问题，是否拯救以及如何拯救那些负债最高的成员国。

希腊成为头号问题。2001年，这个国家利用虚假数据骗取了欧盟的信任从而加入欧盟，现在欧盟就自食其果了。作为欧盟成员，希腊可以优惠获得贷款并将其大量投入资本市场。这个国家的消费远远高于其支付能力，债台高筑，且早已面临金融危机，但希腊政府却多次成功地隐瞒了其国家财政的实际情况。2009年年末，希腊国债已经累积至2700亿欧元，急需资金用于支付利息和日常的政府开支。假如还有人想把钱借给这个国家，那也只能提高利息。这就使问题进一步加剧，显然，希腊需要欧盟的援助。

可是，谁应该提供帮助呢？其他欧盟国家没有这个义务，而且欧盟条约里就包含“不援助条款”，不管是欧盟作为整体，还是单个成员国，都没有义务偿付其他国家的债务。因此掀起了一场讨论，欧盟是否应该帮助希腊，或者任由这个无偿付能力的国家破产。这场讨论本身就使情况变得更糟，世界各地的投机者把赌注押在欧元贬值上，而且这次确实押对了。为了不让共同的货币成为投机者的玩物，2010年5月2日，欧盟国家通过了一个为希腊提供价值1100亿欧元援助的计划。作为回应，希腊必须努力节约开支，降低债务。希腊宣布，将提高税率，降低养老金和政府职员的薪水。希腊民众对此提出抗议，5月5日，数万人走上雅典街头游行示威。其中一部分人和警察展开巷战，造成三人死亡。尽管如此，希腊议会还是在5月6日通过了节约开支的决议。

截至2012年，希腊经济缩减了20%，国家还需要更多的贷款，并且它得到了贷款。虽然很多人认为希腊是个“无底洞”，但是欧元区的财政部长们还是于2012年2月通过了一项价值1300亿欧元的第二个援助计划。他们这样做的目的同样是担心放任不管会造成“多米诺效应”，最终威胁到自身。因为不只是希腊，爱尔兰、葡萄牙、西班牙和意大利也有高额债务。证券市场上不仅欧元被看跌，某些人甚至赌货币联盟的瓦解。各成员国无论如何都会阻止这件事发生，并力图撑起一个“保护伞”，投入资金达7500亿欧元，以保护那些处于危机中的国家。除了希腊，爱尔兰、葡萄牙、西班牙和塞浦路斯也得到了不同程度的援助。

此外，2012年7月26日，欧洲中央银行行长马里奥·德拉吉宣告："欧洲中央银行将采取一切必要措施保住欧元。请相信我，钱足够用。"随后，证券市场上的欧元和股指便迅速拉升。这件事的背后更为重要的作用是，那些危机国家又可以低息贷款了。

援助计划和节约措施渐渐地显现了初步成效。2013年年末，爱尔兰和西班牙已经可以离开"救护伞"，不过许多问题并没有那么容易随之消失，和其他危机国家一样，高额债务和高失业率仍然存在。2013年10月，西班牙的失业率高达26.7%。只有失业率为27.3%的希腊，比西班牙略高。这两个国家里，青年人的失业率甚至高达50%。

关于如何持久地解决南欧国家的经济问题，人们继续展开讨论。为了降低债务和恢复财政秩序，应该让它们更加节约吗？还是节约措施反而造成了负面影响，使它们的经济进一步萎缩，失业率继续升高，流入国库里的税收更少，从而使债务变得更高？为了振兴这些国家的经济，是不是应该至少放松一下节约措施，让它们得到更多的贷款？是否应该部分地或者全部免除它们的债务，以使它们能够重新从零开始？如果是免除，那么由谁来负担这些债务并偿付债权人呢？或者，如果南欧国家脱离欧元区，重新采用它们以前的货币，是不是更好呢？果真如此的话，将会给这些南欧国家、欧元以及欧盟带来哪些影响？

而且同样重要的问题是那些损失巨大，迄今仅靠税款支撑维持生存的银行该怎么办？应该如何防止银行继续交易，从而引发新的经济危机并将整个国家带向崩溃的边缘？

对于所有这些问题，不管是政治家还是经济学家都没有明确的答案。

55. 非洲的觉醒

人们经常把非洲称作“被遗忘的大陆”。因为自20世纪80年代以来，亚洲和拉丁美洲的许多国家都取得了可观的经济增长，那里的人们生活水平也得到了改善，而非洲的大部分国家却没有从全球化中得到明显的好处。不管是在世界政治舞台上，还是在世界经济活动中，撒哈拉以南的非洲都只是一个无足轻重的角色。

不过南非是个例外。第二次世界大战后，南非经历了迅猛的经济繁荣时期，成为唯一一个进入“第一世界”的非洲国家。然而，从这种富裕中获益的主要是400万白人，4000万黑人却从中获益很少。少数白人利用其“种族隔离政策”确保现存秩序不变。比如，黑人不允许参与政治，没有选举权，禁止和白人通婚。黑人有特殊的居住区，即所谓的“黑人定居点”。公共场所都有区域标志牌，将白人和非白人隔离开。学校也是白人和黑人分开的，二者之间的师资水平也有差距。

针对这一政策，以纳尔逊·曼德拉为发言人的非洲人国民大会（ANC）① 提出强烈抗议。他试图以印度甘地为榜样，利用示威、群众抗议和罢工来改变现状。1960年3月21日，警察在约翰内斯堡郊外向和平示威的人群开枪，打死了69名黑人。政府宣布战争法规，并禁止非国大活动。于是，曼德拉就不再相信能够用和平手段达到目的了。他与其同道转入地下活动。他们搞来武器炸药，开始实施破坏活动。后来他们

---

① 非洲人国民大会（African National Congress），简称“非国大”，现为南非执政党，是南非最大的黑人民族主义政党，也是南非跨种族的政党。——译注

被捕，被送上法庭，判处终身监禁。只是到了20世纪80年代，在国际社会的压力下，南非白人政府才撤销了几个种族隔离法规。1990年2月，纳尔逊·曼德拉和其他政治犯获释。与此同时，非国大又重新被允许活动了。

在获释当天，曼德拉就举行了一次演讲，在监狱里度过27年囚禁生活之后，他呼吁和解。他号召白人和黑人，建立一个“非种族主义的、统一的和民主的南非，举行普遍和自由选举，人人有选举权”。他很快就吸引了众多同道，并且也得到了白人的支持。为了废除种族隔离政策和制定一部民主宪法，曼德拉和总统弗雷德里克·德克勒克一起主持谈判。为此，他们共同获得了1993年度诺贝尔和平奖。1994年4月27日，非国大在第一次自由选举中获得绝对多数票，曼德拉当选为总统。对南非和世界上的许多人来说，这都是一个奇迹。2013年12月5日，纳尔逊·曼德拉去世，世界各地的人们都纪念他为和平所做的贡献。

像南非那样的发展只能是撒哈拉以南非洲的其他地区人们的梦想。

上图　纳尔逊·曼德拉（1918—2013）。度过27年监狱生活之后，他成为南非第一位黑人总统。

“二战”后，他们也曾经为反抗殖民统治而斗争过，但是殖民者最初并不想放弃他们的权力，最后发生激烈的冲突。1957年，加纳成为第一个宣布独立的非洲国家。截至1960年，又有16个国家先后宣布独立。葡萄牙殖民地斗争的时间最长，直到20世纪70年代中期才独立。

尽管法律上这些国家已经独立和自由了，但是在政治上，特别是经济上，它们大部分还要依靠前殖民者。因为它们缺乏自治经验，国内各不同族群之间经常出现动荡的政治局势或发生暴力冲突（可参见本书第45章）。虽然取得了一些进步，但撒哈拉以南的非洲大部分国家政治局势直到当代都没有稳定下来。因为缺少强有力的国家领导人，政治腐败和管理混乱，这些问题导致了越来越多的冲突，甚至是武装冲突。

由于非洲大陆矿产资源丰富，不仅前殖民者对它感兴趣，那些国际大康采恩[①]也垂涎于它。于是，这些虎视眈眈的势力就与非洲国家腐败的政治领导者联手继续压榨前殖民地。当地普通民众并不能从他们国家丰富的自然资源中得到任何好处，人民继续生活在贫困中，许多人成为战争冲突的牺牲品。表面上看，是政治、种族或宗教原因引起的冲突，而实际上几乎都是为了争权逐利。

属于阿拉伯世界的北非国家，也通过斗争从殖民统治下获得了独立，但是他们向往的更多自由和更美好的生活条件并没有成为现实。这些国家形成了不同形式的军人独裁政权，大部分情况是有一个不想再放弃手中权力的最高首领。1957年，哈比卜·布尔吉巴成为新成立的突尼斯共和国第一任总统，他一直在任至1987年。然后，扎因·阿比丁·本·阿里发动政变，取代了他，接下来他自己又当了24年总统。在叙利亚，哈菲兹·阿萨德于1970年得到政权，就像在君主国里发生的那样，2000年他去世后由其儿子巴沙尔·阿萨德继承了总统职位，直至今日他仍然坐在这个位子上。统治时间最长的是利比亚的奥马尔·穆阿迈尔·卡扎菲，他于1969年发动政变夺权，在位时间长达42年。

在这些阿拉伯国家里，统治者积聚了大量财富，并将其中一部分秘密存到国外。而本国人民却只能与贫穷为伴，即使是最基本的食物也日益短缺、价格昂贵。经济和社会弊端导致民众的不满情绪越来越强烈，特别是那些看不到生活前途的年轻人，他们把一切都归咎于当权者。

在这样一种紧张局势下，突尼斯一个小城里的警察禁止26岁的蔬菜商贩穆罕默德·波瓦齐齐用流动菜

---

① 一种规模庞大而复杂的资本主义垄断组织形式，原意为多种企业集团。——编者注

摊做生意，这就等于把他一家人的饭碗给砸了。出于对蛮横警察的抗议，他于 2010 年 12 月 17 日把汽油浇到自己身上，然后点燃了。此事，国家控制的媒体并没有报道，但是却在新媒体上曝光了。通过社交平台，这次自焚事件迅速传遍全国。人们在许多城市里走向街头，抗议当权者把穆罕默德·波瓦齐齐逼上绝境。借助于新媒体，第一次自发的行动很快就引发了全国范围的抗议浪潮，而当权者想要用武力镇压抗议者。可是，许多警察和士兵拒绝参加血腥镇压行动，并且站到了抗议者一边。总统本·阿里认识到，使用武力无法达到目的，于是他提出谈判建议，目的是安抚民心并赢得时间。2011 年 1 月 4 日，穆罕默德·波瓦齐齐死去了，之后越来越多的人加入到示威者的行列。

本·阿里做了最后的尝试，许诺给予人民更多自由和权利，但是为时已晚，人民想让他下台，想选举一个新政府。2011 年 1 月 14 日，本·阿里秘密逃往国外。

突尼斯的事件鼓舞了其他阿拉伯国家的人，他们也走上街头。各地的人们首先要求改善生活条件，并要求撤掉腐败政权，实行社会变革。引人注意的是，示威者中有许多年轻妇女，她们要为争取平等权利而斗争。即使每个国家人们的具体要求不尽相同，但是人们有一个共同的目标，就是“每个人都要活得有尊严”。

有些国家的当权者作出了让步，另一些国家则使用暴力结束了抗议活动。统治埃及长达 30 年的胡斯尼·穆巴拉克就尝试用暴力镇压。但是，警察的行动越残暴，大城市里聚集的人群就越多。通过社交平台，上万人被动员起来。开罗的解放广场成为示威的中心，2011 年 1 月 28 日这一天被称作“愤怒之日”，超过 10 万人聚集到了这里。穆巴拉克想让军队清场，但是军队指挥解释说，不应该使用武力对付自己的人民。于是，穆巴拉克又派他的行动队去镇压，但是，士兵们却走到他们中间，阻止了血腥屠杀的发生。

2 月 11 日，穆巴拉克携其家人逃离开罗，并让人宣告，他已经辞职了。听到这个消息后，人们兴高采烈地庆祝了一番。但是，接替政权的却是一个军事委员会，而不是人们

上图 “阿拉伯之春”中的突尼斯革命。

要求的公民政府。这个委员会许诺，将举行自由选举并制定一部民主的新宪法。穆斯林兄弟会的候选人穆罕默德·穆尔西在选举中胜出。2012年6月，穆尔西在首次总统自由竞选中当选为总统。他的目标一开始就很明确，要巩固穆斯林在埃及的权力。宪法被逐步修改，总统的地位得到加强，权力分立受到限制。人民的权利，特别是妇女的权利被消减，穆斯林兄弟会很快就控制了整个国家。这一切并不是埃及人民所期待的，于是他们又走上街头。在穆尔西当选总统后的第一年，示威者不再是数十万人，而是数百万人。军队又一次进行了干预，并于2013年7月3日宣布解除穆尔西及其政府的职务，任命阿德利·曼苏尔为代总统。他的任务是建立一个过渡政府，制定一部新宪法。穆斯林兄弟会不接受这样的事并利用一切手段进行反抗。随后发生了他们与军队之间的流血冲突，截至2013年年底，约有2000人丧生。

利比亚的局势发展比突尼斯和埃及更富于戏剧性。2011年2月22日，卡扎菲通过国家电视台说示威者是“叛徒”，他喊道：“穆阿迈尔·卡扎菲不是总统，他是革命领袖！这是我的国家，是我祖父和你们祖父的国家。我将作为殉道者死去，就像我的祖父那样。”他不准备做任何让步，并下令向示威者开枪射击。于是，他的坚定的反对者就设法搞到武器，内战开始了。

国外力量首次进行干预了，其中包括利比亚的邻国，以及美国乃至联合国。大家一致要求立即停火，但是战斗依然继续。数千人死亡，为了活命，数万人越境逃往突尼斯。

政府军投入大量空军，重新占领了丢失的地区。3月19日，为了保护平民，联合国授权美、英、法空中打击了政府军及其军事设施。由于得到国外的支持，反对派武装成功地占领了越来越多的城市，到了8月份，首都的黎波里也被拿下了。卡扎菲与其部族逃往他的家乡苏尔特，并宣布苏尔特是利比亚的新首都。在此期间，海牙国际刑事法庭起诉卡扎菲、他的儿子和女婿犯有“反人类罪”。

围攻苏尔特的战事持续了数周，战斗异常激烈。反对派武装损失惨重，最终还是攻占了这座城市。10月20日，卡扎菲企图随车队逃亡，却被反动派武装抓获。

据保守估计，利比亚内战至少造成3万人丧生。反对派武装获胜后，宣告成立一个“国家过渡委员会”，举行议会自由选举并召开立宪会议。自2012年7月，利比亚有了一个由议会选出并受议会监督的政府。

而叙利亚的局势还远远没有达到这种程度。和其他阿拉伯国家一样，人们开始和平抗议阿萨德专制政权。阿萨德首先试图通过威胁和大量拘捕抗议者来消灭叛乱。当他发现这样无济于事，便派警察和军队去残酷镇压示威者。但是，这并没有吓倒人们，相反，更多的人走上了街头。2011年3月30日，阿萨德向公众发表讲话，将暴乱归咎于“国外敌对势力的阴谋”，其目的是“破坏叙利亚的稳定。真主会帮助我们，粉碎敌人的阴谋”。

随后，叙利亚发生了内战，战争一直持续至今。伤亡数字不明。截至2013年年末，据联合国的报告，已有超过13万人死亡。约有100万叙利亚人逃离这个国家，另有约400万人正在逃亡途中。很多人生活在房屋已被摧毁的废墟里。

国际社会的抗议和多方调停的努力都不能阻止阿萨德的行动。2013年8月4日，他说：“危机只有在战场上才能得到解决。”最初，反对派武装在战场上是并肩作战对抗政府军，但是后来反对派武装内部不同派别之间发生了内讧，因为他们对未来的叙利亚政府有不同的设想。

2010年12月开始于突尼斯的所谓“阿拉伯之春”至今仍未停息。在西方，特别是针对叙利亚局势，甚至有人开始谈起“阿拉伯之冬”。不过，这还为时尚早，西方争取民主的斗争也经历过许多挫折，人们为之奋斗了150多年才成功。阿拉伯国

上图 被战争摧毁的叙利亚城市废墟。

家的人们究竟需要多久，才能由春天进入夏季，无人知晓。或许至少需要数十年，因为不是所有人都想起来反抗他们的政权。在阿拉伯世界，还有许多宗教激进分子，他们想使用暴力和恐怖行动去实现其天国的理想。不要忘记，伊斯兰教内部也存在古老的对立观念，比如两个较大的派别逊尼派和什叶派[①]之间就是如此。这两个派别尤其在一个问题上达不成一致，就是伊斯兰教的宗教领袖是否必须来自穆罕默德家族，什叶派认为是，而逊尼派则认为否。但是，只要涉及政治权力问题，宗教分歧很快就会发展为激烈的敌对。萨达姆·侯赛因的逊尼派政权被推翻后，伊拉克的政局就证明了这一点。今天，什叶派在那里说了算，而那些主张要建立一个从伊拉克延伸至地中海的天国的激进分子，则得到了在政治上被边缘化的逊尼派的支持。

① 伊斯兰教内教派众多，据说有 70 多个，如哈瓦里吉派、伊斯玛仪派等，但主要教派有两个：逊尼派和什叶派。逊尼派是主流派别，约占 90%，什叶派是第二大派，约占 10%。逊尼派和什叶派主要是因为在穆罕默德继承人的问题上发生了分歧，从而慢慢发展成不同派别。——译注

56. 气候变化

在过去 30 年里，除了战争、灾难和经济危机之外，另一个议题也逐渐进入公众视野，即气候变化。本来这也并非什么新鲜事，因为自从地球存在以来，气候就一直在变化。在过去的数百万年里，冷热时期总是交替变化。这种变化持续时间长并有其自然原因。我们今天所说的气候变化，指的是由于人类的行为额外导致的变化。

这种变化始于 19 世纪的工业化。从那时起，工业国家里的人们消耗的能源日益增加：烟囱要冒烟，经济要发展，其他一切都要靠边站。至于资源有限、环境遭破坏以及影响气候等问题，人们从不关心。到了 20 世纪中期，这一切才有了改变。对此作出重要贡献的是罗马俱乐部[①]于 1972 年出版的《增长的极限》一书，它引起世人的广泛关注。在这项研究中，科学家们利用计算机模拟了各种场景。他们最后得出如下核心结论："假如世界人口、工业化程度、环境污染、食品生产以及自然资源开发以当今这样的增长速度持续进行下去，那么到下一个世纪地球上的增长就会达到绝对极限。"

这项研究引起了人们激烈的讨论，批评者指出了它的严重错误，尽管如此，它还是增强了许多人的环保意识。政治家们也越来越关注这一问题，到了 20 世纪 90 年代初，全球气候问题甚至成了一个"重要政治议题"。工业国的国家和政府首脑们认为，这个问题必须在"峰会"上重点讨论。

---

① 罗马俱乐部是一个国际性的未来学研究团体。1968 年 4 月在意大利经济学家 A. 佩切伊和英国科学家 A. 金的倡议下，在罗马成立。其宗旨是研究未来的科学技术革命对人类发展的影响，阐明人类面临的主要困难以引起政策制定者和舆论的注意。——译注

然后，气象学家越来越多地提醒人们，关注地球变暖及其可能的原因和后果。尽管还有很多不确定性，但有一点毋庸置疑，日益增长的能源消耗是其主要原因。为了获取能源，就要燃烧煤炭、石油、天然气和汽油，而这同时会制造出大量的温室气体二氧化碳作为其“副产品”。大量的二氧化碳和其他温室气体会导致“温室效应”，从而使得全球气候变暖。趋势显示，自 1900 年以来，全球平均气温已经上升了 1 摄氏度，并且上升速度自 1950 年开始明显加快。近几十年来，南北两极的冰川融化速度也在加快，日益升高的海平面就能让我们观察到这一点。极端天气造成的旱灾、热带风暴和洪水也明显地在提醒人们，要关注人类活动造成的气候变化。为了阻止这种趋势继续发展下去，人类应该刻不容缓地采取措施。有些人认为，这过于悲观了；另一些人则认为，必须严肃对待这些警告。

下图 工厂排放大量的二氧化碳。

上图 土地沙化严重产生沙尘暴。如果谁相信气候变化只会影响远方世界的某个地区，那他就错了。

1992 年 5 月，联合国通过了一项气候保护公约[①]，其中一开始就提到："人类的活动已经导致大气层中温室气体明显增加。"这一公约的目的是，防止人类活动继续破坏气候系统，减缓地球变暖的速度并减轻其带来的后果。"鉴于气候变化的全球化特性，呼吁所有国家要尽可能地全面合作。"这也是每年举行的全球气候会议上与会各国所要做的事情，其中一个重要结果就是 1997 年签署的《京都议定书》。它规定，到 2012 年，工业国的温室气体排放要平均减少 5.2%，也就是要降到 1990 年的水平以下。平均来说，这个指标取决于每个国家的经济发展速度。比如，美国应该减少 7%，俄国不用减，

① 1992 年，联合国环境与发展大会在巴西里约热内卢召开，《联合国气候变化框架公约》正式开放签字。这是世界上第一个为控制温室气体排放、应对全球变暖而起草的国际公约。——译注

日本要减少 6%，德国要减少 21%，乌克兰不用减，英国要减少 12.5%，加拿大和波兰要减少 6%，法国不用减，等等。对于新兴工业化国家如中国、印度和巴西以及所有发展中国家则完全没有限制。

这些例子就已经表明，减少温室气体排放对所有国家的政府来说并不是同等重要的事情。美国作为一个绝对最大的“罪人”，其国会就从未批准过这个议定书，并且它的二氧化碳排放量到 2010 年甚至升高了 10%。2011 年 12 月，加拿大退出了《京都议定书》。

2012 年，在多哈举行的第 18 次联合国气候会议[①]上通过了一项决议，将当年底即将到期的京都议定书延长至 2020 年，这一次只有 37 个国家在议定书上签了字。这些签字国截至当时，二氧化碳排放量加起来也只占全球约 15%。排放量比较大的国家，如美国、中国、俄国、印度和日本拒绝认可《京都议定书》的目标。[②]因此，在多哈会议上也通过了一项决议，到 2015 年将议定一项新的全球气候保护合约，自 2020 年起生效，并且将所有国家都包括进来。

最低限度的妥协和意图解释都受到了环境保护组织的强烈批评。在许多国家里，人们也只是三心二意地从事气候保护工作，致使全球仍然在持续变暖，其后果有目共睹。

但是，那些不承认《京都议定书》的国家也并非无所作为。20 世纪 70 年代发生了石油危机，1986 年 4 月 26 日发生了切尔诺贝利核电站事故，这使得大部分国家已经开始尝试开发新能源。自从进入 21 世纪以来，开发新能源已经有了明显的进展。2011 年 3 月发生的日本福岛核泄漏事件，促使许多国家的政府决定进一步加强开发可再生能源，开启一个能源转变的新时代。在此期间，有 120 个国家已经利用水力、风力、有机燃料和光电技术设备造出

① 2012 年 11 月，《联合国气候变化框架公约》第 18 次缔约方会议暨《京都议定书》第 8 次缔约方会议在卡塔尔多哈举行。——译注

② 中国于 1998 年 5 月签署并于 2002 年 8 月核准了《京都议定书》。——编者注

上图 利用风力设备创造新能源。

了能源。这种开发进程是否足够快，以大大降低温室气体的排放，从而使全球变暖停下来，对此许多人是持怀疑态度的。不过，若想让我们这颗星球上的生命能够世代延续下去，我们也别无选择。

图书在版编目（CIP）数据

世界简史（增订版）/（德）曼弗雷德·马伊著；吕叔君译. — 北京：东方出版社，2023.3

ISBN 978-7-5207-2972-7

Ⅰ.①世… Ⅱ.①曼… ②吕… Ⅲ.①世界史—青少年读物 Ⅳ.①K109

中国版本图书馆CIP数据核字（2022）第162148号

Author: Manfred Mai
Title: Weltgeschichte

世界简史（增订版）

（SHIJIE JIANSHI）

作　　者：［德］曼弗雷德·马伊　著
　　　　　吕叔君　译
策 划 人：王莉莉　王蒙蒙
责任编辑：王蒙蒙
特约审稿：姚德贵
产品经理：王蒙蒙

出　　版：东方出版社
发　　行：人民东方出版传媒有限公司
地　　址：北京市东城区朝阳门内大街166号　　邮　　编：100010
发行电话：（010）85924663　85924644　85924641

印　　刷：北京联兴盛业印刷股份有限公司
版　　次：2023年3月第1版　　印　　次：2023年3月第1次印刷
开　　本：710毫米 × 1000毫米　1/16　　印　　张：13
字　　数：162千字　　印　　数：1-10000
书　　号：ISBN 978-7-5207-2972-7　　定　　价：69.00元